POR UMA HISTÓRIA DO POLÍTICO

ANPOCS
Associação Nacional de
Pós-Graduação e Pesquisa
em Ciências Sociais

Diretoria Executiva
Maria Alice Rezende de Carvalho (PUC-Rio) – *Presidente*
Cícero Araujo (USP) – *Secretário Executivo*
Julio Assis Simões (USP) – *Secretário Adjunto*

Diretores
Carlos Arturi (UFRGS); Maria Stela Grossi Porto (UnB)
Rogerio Proença Leite (UFPE)

Conselho Fiscal
Lea Freitas Perez (UFMG); Ricardo Silva (UFSC)
Ruth Vasconcelos Ferreira (UFAL)

Equipe Administrativa
Berto de Carvalho
Bruno Ranieri
Cristina Sevílio
Mírian da Silveira

Acompanhamento Editorial
Mírian da Silveira

Associação Nacional de Pós-Graduação e Pesquisa em Ciências Sociais
Av. Prof. Luciano Gualberto, 315 – Cidade Universitária – Butantã
CEP: 05508-010 São Paulo – SP
Tel.: (11) 3091-4664/3091-5043
E-mail: anpocs@anpocs.org.br

POR UMA HISTÓRIA DO POLÍTICO

Pierre Rosanvallon

1ª reimpressão

Copyright © 2010 Pierre Rosanvallon (1ª reimpressão, 2013)   RÉPUBLIQUE FRANÇAISE

Cet ouvrage, publié dans le cadre du Programme d'Aide à la Publication Carlos Drummond de Andrade de la Médiathèque de la Maison de France, bénéficie du soutien du Ministère Français des Affaires Etrangères et Européennes.

Este livro, publicado no âmbito do programa de participação à publicação Carlos Drummond de Andrade da Mediateca da Maison de France, contou com o apoio do Ministério Francês das Relações Exteriores e Europeias.

Tradução dos textos de Pierre Rosanvallon: Christian Edward Cyril Lynch

Publishers: Joana Monteleone/Haroldo Ceravolo Sereza/Roberto Cosso
Edição: Joana Monteleone
Editor Assistente: Vitor Rodrigo Donofrio Arruda
Projeto gráfico e diagramação: Patrícia Jatobá U. de Oliveira
Revisão: Maria da Glória Galante de Carvalho/Alexandra Colontini
Capa: Patrícia Jatobá U. de Oliveira
Imagem da capa: Detalhe de *Embaixadores* (1533), de Hans Holbein

---

CIP-BRASIL. CATALOGAÇÃO-NA-FONTE
SINDICATO NACIONAL DOS EDITORES DE LIVROS, RJ

R712p

Rosanvallon, Pierre, 1948-
POR UMA HISTÓRIA DO POLÍTICO
Pierre Rosanvallon; tradução de Christian Edward Cyril Lynch.
São Paulo: Alameda, 2010.
102p.

ISBN 978-85-7939-055-5

1. Ciência política. 2. Democracia. I. Título.

10-4445.   DD: 320
                            CDU: 32
                                            021403

ALAMEDA CASA EDITORIAL
Rua Conselheiro Ramalho, 694 – Bela Vista
CEP 01325-000 – São Paulo – SP
Tel. (11) 3012-2400
www.alamedaeditorial.com.br

Sumário

A democracia como problema   9
Pierre Rosanvallon e a escola francesa do político
Por Christian Edward Cyril Lynch

Por uma história filosófica do político   37
Por Pierre Rosanvallon

Por uma história conceitual do político   65
Conferência de Pierre Rosanvallon

Em nome da Associação Nacional de Pós-graduação e Pesquisa em Ciências Sociais (Anpocs), sentimo-nos muito honrados de patrocinar este pequeno volume de Pierre Rosanvallon, reunindo dois trabalhos seus sobre história e política. Um dos mais importantes cientistas políticos da atualidade, Rosanvallon fez um longo investimento na reflexão sobre a democracia moderna, dedicando-se especialmente à reconstrução da história da democracia em seu país, a França. Esperamos que, com esta publicação, surjam novas iniciativas no sentido de tornar sua obra mais conhecida no Brasil.

Somos gratos ao apoio da Embaixada da França, que, através do *Bureau du Livre Français au Brésil* e do Centro Franco-Brasileiro de Documentação Técnica e Científica (Cendotec), não só propiciou a publicação, mas também a vinda do próprio Rosanvallon ao Brasil este ano. Somos igualmente gratos a Christian Edward Cyril Lynch, pela tradução e pelo artigo que apresenta o volume, inserindo-o no trabalho mais amplo do autor.

São Paulo, agosto de 2010
A Diretoria Executiva da Anpocs

A DEMOCRACIA COMO PROBLEMA
Pierre Rosanvallon e a Escola Francesa do Político

Por Christian Edward Cyril Lynch[*]

[*] Doutor em Ciência Política pelo IUPERJ. Professor da Escola de Ciência Política da Universidade Federal do Estado do Rio de Janeiro (UNIRIO). Professor do Programa de Pós-Graduação em Direito e Sociologia da Universidade Federal Fluminense (UFF). Professor do Programa de Pós-Graduação em Direito da Universidade Gama Filho (UGF).

Professor do Colégio de França, Pierre Rosanvallon é um dos mais importantes politólogos e historiadores da atualidade. Autor de mais de doze livros, quase todos traduzidos em diversos idiomas, é de se lamentar que apenas dois deles tenham sido traduzidos no Brasil. Contendo seus dois principais textos metodológicos no âmbito da *história do político*, o presente volume intenta contribuir para amenizar essa situação e encorajar a tradução de suas obras maiores. Refiro-me em particular à sua primeira trilogia, versando sobre a história da democracia francesa – *Le sacre du citoyen*, *Le peuple introuvable* e *La démocratie Inachevée* – e sua nova trilogia sobre a teoria da democracia, cujas duas primeiras partes já vieram à luz – *La contre-démocratie* e *La legitimité démocratique*. De natureza mais informativa que reflexiva, o texto seguinte não ambiciona mais que apresentar o pensamento de Rosanvallon no contexto daquela que chamo a *Escola francesa do político*, de que é ele hoje, ao lado de Marcel Gauchet, o mais eminente e conhecido representante.

O retorno da política

Envolvendo o Estado, o poder e as lutas por sua conquista ou conservação, as instituições que as materializavam ou as revoluções que as transformavam, a história política gozou de grande prestígio durante o século XIX graças a autores como Macauley, Guizot, Michelet, Carlyle, Herculano, Nabuco. Entretanto, acusada pelo materialismo histórico de fazer a apologia das elites e de não ostentar padrões de cientificidade, aquele prestígio se eclipsou no começo dos novecentos. O espaço especificamente concedido à teoria política, entendida como história político-intelectual, também ficou marginalizado durante boa parte do século, atacado como idealista e elitista pela história social, pela história das mentalidades e pelo marxismo. O mesmo ocorria com a própria história política: prisioneira da cronologia, ignorando os interesses de classe, esta última limitar-se-ia, segundo seus críticos, a uma narrativa chã, que conferia importância demasiada aos humores dos dirigentes políticos com sua abordagem psicologista. Depois da Primeira Grande Guerra, o advento das massas ocasionado pela democratização condenou o caráter aristocrático dessa história como anedótica e individualista, embebida numa ideologia que camuflava a realidade ou encobria o papel do inconsciente.

A segunda metade do século XX testemunharia o resgate da história política e das ideias afins graças à recomposição de suas bases epistemológicas, ocorrida na Alemanha com Otto Brunner e Reinhart Koselleck, e na Inglaterra, com Peter Laslett, John

Dunn, Quentin Skinner e J. A. Pocock.[1] No campo especificamente da historiografia política francesa, surgiu em 1988 uma obra intitulada *Por uma história política*, em que seu organizador, René Rémond, autor do clássico *Les droites en france*, atacava os adversários tradicionais da disciplina. Destacando o legado deixado por Albert Thibaudet, Georges Weill, Marcel Prélot, Jean-Jacques Chevallier e Jean Touchard, que perseveraram naquela tarefa enquanto a parte mais prestigiosa da academia a marginalizava, Rémond postulava na abertura daquela obra, em tom de manifesto, a renovação da história política a partir da multidisciplinaridade; destacava a autonomia do político enquanto domínio frente aos determinantes econômicos; assim como sua capacidade de arbitrar os conflitos em nome do interesse superior da comunidade nacional.[2] Os demais artigos da coletânea permitem entrever a gama dos temas abarcados pela nova história política por ele proposta como *história do político*: eleições, partidos, associações políticas, biografias, opinião pública, mídia, intelectuais, ideias, palavras, religião, política interna e externa, guerra. No entanto, ainda que o último capítulo da obra, escrita justamente por Rémond, seja denominado "Do político", o fato é que este conceito permanece, aí, indefinido ou fluido. Rémond não define de modo claro qual seja o conceito do político, nem arrisca uma definição própria mais exaustiva, nem deixa referências acerca de onde poderia ter eventualmente haurido semelhantes noções.

---

1 JASMIN, Marcelo (2005). *História dos conceitos e teoria política e social: referências preliminares*. Revista Brasileira de Ciências Sociais, volume 20, nº 57, p. 27.

2 RÉMOND, René (1988). *Pour une histoire politique*. Paris: Le Seuil, p. 25.

Na verdade, o conceito do *político* hegemônico no campo da história e das ciências sociais francesas foi produzido no âmbito dos pesquisadores integrantes do *Centro de Pesquisas Políticas Raymond Aron* (CRPRA), sediado na Escola de Altos Estudos em Ciências Sociais (EHESS). Esse centro se originou da fusão, em 1992, do setor de política do *Centro de Estudos Transdisciplinares: Sociologia, Antropologia e Política* (CETSAP), dirigido por Claude Lefort, com o *Instituto Raymond Aron*, fundado em 1984 por François Furet – ambos ex-militantes comunistas e críticos contundentes da experiência soviética. Fundado há quase vinte anos por aquelas duas personalidades e seus discípulos, o Centro Aron veio a ser a matriz da *Escola francesa do político*. Entre seus atuais pesquisadores, podemos encontrar alguns dos historiadores, sociólogos e politólogos mais destacados da cena contemporânea. Além do próprio Lefort, hoje com 86 anos (Furet morreu em 1997 aos 70, durante uma partida de tênis), podemos citar historiadores do porte de Mona Ozouf (viúva de Furet), Ran Halévi e Patrice Gueniffey, e politólogos eminentes como Pierre Manent, Philippe Raynaud e Bernard Manin. No entanto, na geração posterior à Lefort e Furet, os pesquisadores mais conhecidos hoje no cenário internacional da politologia internacional, são, indubitavelmente, Marcel Gauchet e Pierre Rosanvallon. Compreender a emergência dessa escola requer, todavia, retraçar o quadro teórico em que ela emergiu e os seus respectivos personagens principais.

Tocqueville e o retorno do liberalismo: Aron e Furet

Alexis de Tocqueville (1805-1859) é o patrono mais remoto dessa teoria política francesa renovada pela história: *A democracia na América* e *O Antigo Regime e a revolução* representam referências quase obrigatórias para quase todos os pesquisadores daquele instituto. Três de suas ideias-força surgem com particular relevância em seus trabalhos. Primeiro, a compreensão da democracia como o regime político moderno por excelência, apreendido enquanto forma social e política caracterizada pela igualdade de condições entre os indivíduos; segundo, o fato de que ela resulta de um longo, penoso e inevitável processo de erosão ou destruição voluntária da ordem aristocrática, baseada na liberdade e na hierarquia; terceiro, que esse processo pode conduzir alternativamente a um regime autocrático ou a outro, compatível com o liberalismo. Diversas das hipóteses politológicas e historiográficas dos membros do Centro Aron representam desdobramentos daqueles três eixos explicativos.

No entanto, a pré-história daquela instituição também passa pela própria recuperação da herança intelectual de Tocqueville, marginalizada na França depois do firmamento da Terceira República, juntamente com a dos outros liberais que haviam atuado na cena pública desde a Restauração, como Mme. de Staël, Constant, Royer-Collard, Guizot, Duvergier de Hauranne, Rémusat, Laboulaye e Prévost-Paradol. Associando o liberalismo à monarquia constitucional, os republicanos preferiram reivindicar outros autores e historiografias, de matizes positivistas

(Jules Ferry), ou neojacobinas (Jean Jaurès).[3] Em outras palavras, prevalecia entre os republicanos a orientação de que a democracia deveria ser produzida a partir de materiais ideológicos diferentes daqueles que haviam orientado o liberalismo da Restauração e da Monarquia de Julho. Algumas décadas depois, o liberalismo daqueles autores voltaria a ser condenado como idealista por realistas como Ostrogorski, Pareto e Michels: para quem a concepção de democracia elaborada pelos liberais nada teria a ver com seu efetivo funcionamento, à luz da ciência social. O golpe de misericórdia foi a condenação dos liberais pelo marxismo hegemônico do pós-guerra, comprometidos que estariam com a produção de uma ideologia antirrevolucionária destinada a encobrir do proletariado a realidade inegável da dominação burguesa.

Sobrevivendo apenas nos Estados Unidos como uma espécie de primeira testemunha europeia da excelência do sistema de governo norte-americano e profeta de sua futura grandeza nacional, apenas na década de 1950, Tocqueville viria a ser resgatado, na França como teórico da democracia, graças ao cientista social e historiador liberal Raymond Aron (1905-1983). Aron era, então, praticamente o único intelectual de porte a combater o marxismo político e acadêmico hegemônico da época, fortemente estalinista, em obras polêmicas como *O Ópio dos Intelectuais* e *De uma Sagrada Família à Outra*. Relendo Tocqueville conforme suas obras completas eram publicadas pela editora Gallimard,[4] Aron

---

3 NICOLET, Claude (1992). *L'idée républicaine em France (1789-1924): essai d'histoire critique*. Paris: Gallimard.

4 FURET, François (1988). Aron Réintroducteur de Tocqueville. In: Jean-Claude Chamboredon. *Raymond Aron, la philosophie de l'histoire et les sciences sociales*. Paris: Éditions Rue d'Ulm, p. 28.

percebeu o alcance daquela que lhe parecia a principal tese tocquevilleana: a de que a modernidade não se caracterizaria nem pela indústria, como pretendera Comte, nem pelo capitalismo e pela luta de classes, como postulara Marx, e sim pela "igualdade social", pela "igualdade de condições".[5] A redescoberta da teoria de Tocqueville colaborou expressivamente para que Aron desenvolvesse uma reflexão contraposta àquela desenvolvida pelos teóricos marxistas de seu tempo, que acusavam a democracia liberal ("burguesa") como verdadeira burla do ideal democrático. Daí que, em *As etapas do pensamento sociológico*, Aron incluísse Tocqueville na qualidade de sucessor de Montesquieu no interior de uma linhagem de índole liberal das ciências sociais, alternativa à matrizes então hegemônicas: a marxista e a positivista (Comte/Durkheim).[6] Por outro lado, Aron não podia senão simpatizar com a orientação historiográfica de *O Antigo Regime e a revolução* na medida em que, livre de determinismos próprios à filosofia da história então em voga, aberta causalmente à contingência, aos valores a atores individuais, ela parecia sintonizada com a de Weber – outro ator central no pensamento aroniano.[7] Por fim, Aron participou ativamente no grande debate sobre o fenômeno totalitário, de onde emergiu a oposição por ele estabelecida entre

---

5 Audier, Serge (2004). *Raymond Aron: la démocratie conflictuelle*. Paris: Michalon, p. 52.

6 Aron, Raymond (2003). *As etapas do pensamento sociológico*. Coleção Tópicos, 6ª ed. São Paulo: Martins Fontes.

7 Aron, Raymond (1986). *Introduction à la philosophie de l'histoire : essai sur les limites de l'objectivité historique*. Paris: Gallimard.

os regimes "constitucionais pluralistas" e aqueles marcados "de partido monopolístico".[8]

Esse golpe vibrado por Aron na constituição de uma reflexão sobre a modernidade democrática, alternativa ao padrão marxista no campo das ciências sociais, encontrou o seu equivalente no campo historiográfico na obra produzida por François Furet (1927-1997). Foi depois, na virada da década de 1950 para a seguinte, com seu desligamento do partido comunista, que o futuro autor de *Pensando a Revolução Francesa* se aproximou de Aron, cujas posições ele adotou mesmo em obras polêmicas como *O passado de uma ilusão – ensaio sobre a ideia comunista no século XX*. Quando da morte de Aron em 1983, partiu de Furet, então presidente da Escola de Altos Estudos em Ciências Sociais, a iniciativa de criação de um instituto que, tendo por acervo o arquivo daquele sociólogo se destinasse aos estudos de filosofia e história política. Surgiu, então, o *Instituto Raymond Aron*, de que se tornou o primeiro diretor (1984-1992). Em idêntico sentido, a reflexão historiográfica de Furet se caracteriza por uma constante referência a Tocqueville que data pelo menos de 1971, quando publicou *Tocqueville e o problema da Revolução Francesa*. A historiografia tocquevilleana teria sido praticamente a única a propor "uma conceitualização rigorosa da Revolução Francesa".[9] Não causa espanto, pois, que seu ofício se desenvolvesse intimamente relacionado com aquele da história intelectual, tal como

---

8 ARON, Raymond (2007). *Démocratie et totalitarisme*. Paris: Gallimard.
9 FURET, François (1989). *Pensando a Revolução Francesa*. Tradução de Luiz Marques e Martha Gambini. 2ª ed. São Paulo: Paz e Terra, p. 12.

praticado pelos politólogos, no intento de devolver à tarefa historiográfica a dimensão política de que havia sido privada pelos marxistas e pela Escola dos Anais:

> Eu advogo que a história política seja ao mesmo tempo a história das ideias, não apenas de sua recepção social. E, aliás, dentro dessa perspectiva, eu advogo uma aliança da história com a filosofia. Minha ideia central, o que eu faço no Instituto Aron, é juntar os historiadores e os filósofos. É tentar reabilitar não apenas a história do político, mas também a história das ideias, que foi praticamente arruinada pela Escola dos Anais.[10]

Aprofundando as pegadas de Aron, Furet entendeu que não bastava recuperar a obra de Tocqueville. Sendo a sua tarefa, ao contrário, a de reler a trajetória política francesa de uma perspectiva não-marxista, que implicava rejeitar a matriz historiográfica jacobina, o coordenador do *Dicionário crítico da Revolução Francesa* fomentou vivamente a recuperação de toda a cultura política liberal francesa do século XIX. Tendo desarticulado peça por peça a historiografia jacobina reivindicada pelos marxistas, que nela enxergavam um protótipo da futura revolução comunista, Furet passou a apresentar a Revolução como um longo e sofrido processo de quase um século de passagem da França à democracia

---

10 FURET, François (1988). *O historiador e a história* (entrevista). Estudos Históricos, Rio de Janeiro, nº 1, p. 143-61.

liberal. Nesse quadro, a persistência da cultura política jacobina deixa de ser percebida como uma glória para ser vista como um obstáculo à constituição de uma cultura política democrática; da mesma forma, a Revolução deixa de ser um patriótico lugar de memória, para ser encarada como um problema a ser enfrentado pela filosofia política.[11]

A emergência do político: Claude Lefort

As reflexões acerca "do político" propriamente dito devem ser atribuídas, porém, à filosofia de Claude Lefort (1924-). Ele situa a sua reflexão num plano filosófico à maneira aristotélica, que lhe permite considerar o político como abarcando a totalidade do social valendo-se, simultaneamente, de todos os instrumentos disponíveis para tanto oriundos dos mais diversos campos do conhecimento social. Daí que o seu itinerário intelectual seja marcado pelo mais impressionante exercício de interdisciplinaridade: vai da fenomenologia de Merleau–Ponty à literatura antropológica de Marcel Mauss, Pierre Clastres, Malinowski e Evans-Pritchard, passando pela teologia política de Ernst Kantorowicz e pelas grandes interpretações da Revolução produzidas por Edgar Quinet e Michelet.[12] As referências a Tocqueville, Furet e Aron também estão presentes, a despeito de sua preocupação em esclarecer suas eventuais divergências em relação às perspectivas desses autores. Assim, do

---

11 FURET, François (1988). *La Révolution Française*. Paris: Hachette.
12 POLTIER, Hugues (1997). *Claude Lefort: la découverte du politique*. Paris: Éditions Michalon.

autor das *Lembranças de 1848* Lefort louva a leitura do advento da modernidade como ruptura com a sociedade monárquica em *Reversibilidade: liberdade política e liberdade do indivíduo* e *Da igualdade à liberdade* a leitura do advento da modernidade como ruptura com a sociedade monárquica. O diálogo com o segundo emerge em *Pensando a revolução na Revolução Francesa*, ocasião em que elogia o desejo manifestado por Furet de "redescobrir a análise do político".[13] No mesmo sentido, conforme se depreende de artigos como "Raymond Aron e o fenômeno totalitário", Lefort compartilha com Aron a tese de que a compreensão da democracia enquanto regime moderno passa, necessariamente, pelo estudo do totalitarismo.[14]

Mas, afinal, o que é e de onde veio o "pensamento do político"? À primeira vista, o conceito parece remeter à reflexão do texto homônimo de Carl Schmitt, publicado alguns anos antes da subida do nazismo ao poder. De fato, tanto Lefort quanto o autor de *A ditadura* concebem o político como domínio transcendente dos limites da política entendida como subsistema social, a articular a existência comunitária. Para ambos, a política não passa de um subsistema entre outros – como o jurídico, o econômico e o religioso –, que surge com o advento da modernidade e, como tal, permanece à sombra do político. As semelhanças, porém, não vão além. Calcado na oposição entre amigo e inimigo, o conceito schmittiano do político destina-se a superar uma categorização

---

13 LEFORT, Claude (1991). *Pensando o político: ensaios sobre democracia, revolução e liberdade*. Tradução de Eliana Souza. São Paulo: Paz e Terra, p. 115.

14 LEFORT, Claude (2007). *Le temps présent: écrits 1945-2005*. Paris: Belin, p. 969.

da política vinculada ao liberalismo, que o alemão reputava inarredavelmente anacrônica em virtude de dois fatores. O primeiro residia na emergência da democracia de massas enquanto forma de organização sociopolítica que exigia a unidade substantiva do povo consigo mesmo, em ruptura com a tradição liberal pluralista. O segundo fator estaria na decadência do ideário liberal pacifista e universalista, a revelar com ela a existência de oposições radicais entre os diversos grupamentos humanos, que só poderiam ser resolvidas em última análise pela eliminação de uns ou outros.[15] Ora, o conceito do político desenvolvido por Lefort parece neste sentido construído deliberadamente contra aquele de Schmitt, na medida em que, associando-o ao totalitarismo, recupera o elemento liberal da democracia que o autor de *O guardião da constituição* havia repelido.

No entanto, é preciso esclarecer que esta comparação permanece no plano da abstração: embora manifestamente crítico do totalitarismo, o "pensamento do político" articulado por Lefort não parece ter sido elaborado tendo por negativo àquele de Carl Schmitt, com quem, aliás, ele não dialoga expressamente em nenhum de seus trabalhos mais relevantes. Se Hobbes é o clássico a quem Schmitt se refere preferencialmente para articular o próprio trabalho, aquele a partir do qual Lefort extraiu sua noção do "político" foi o Maquiavel da *Primeira década de Tito Lívio*. Como se esta informação já não bastasse para situar o quadro intelectual

---

15 SCHMITT, Carl (1992). *La notion du politique. Théorie du partisan*. Traduzido do alemão por Marie-Louise Steinhauser. Prefácio de Julian Freund. Paris: Flammarion.

em que se move o autor de *A invenção democrática*, o modelo de totalitarismo que Lefort tem sempre diante de si não é o nazista, mas o bolchevista. Ademais, o "pensamento do político" lefortiano busca compreender o funcionamento do social fenomenologicamente, isto é, a partir dos dados da experiência – aspecto este que explica a centralidade por ele conferida à história.

O exame das sociedades antigas pela literatura antropológica por ele empreendido nos começos de seus estudos cedo o levou a indagar acerca dos mecanismos que tornam possível a instituição da vida coletiva, ou seja, que permitem a um conjunto de indivíduos imaginarem-se, ao cabo de certo tempo, partícipes de uma mesma comunidade política. O passo decisivo na compreensão desse mecanismo de instituição do social, que é justamente o que ele denomina *o político*, foi dado durante a confecção de sua tese de doutorado sobre Maquiavel, de cuja obra, conforme referido, Lefort apreendeu a dimensão política do social.[16] Sua tese passa pela afirmação de que não existe sociedade sem referência a um *lugar de poder*; pela ideia de que o poder político consiste numa precondição da vida social na medida em que é ele que conforma a sociedade, que do contrário não passaria de uma mera multidão. Não se trata de afirmar banalmente que a sociedade precisa da política para subsistir, e sim de sustentar que a sociedade é produto de um trabalho prévio de sua conformação a partir de um lugar de poder, que constitui o epicentro daquilo que Lefort denomina *o político*. O político é, deste modo, anterior ao social; é

---

16 LEFORT, Claude (1991). *Pensando o político: ensaios sobre democracia, revolução e liberdade*. Tradução de Eliana Souza. São Paulo: Paz e Terra, p. 253.

a sua arquitetura que torna este último possível. Além disso, permeia sua obra a crença na irredutibilidade da divisão social, ou seja, da oposição entre os fortes e os mais fracos. Enquanto instância que garante a unidade na pluralidade, ele é distinto e superior ao social, a fim de arbitrar as divisões que caracterizam este último. O político remete, assim, a um domínio anterior e superior de todos os outros modos de vinculação social, que acaba por permitir conformá-la e, como tal, gerir as suas divisões; em outras palavras, ele é um "modo de instituição do social".[17] Combinadas, ambas as diretrizes levam à conclusão de serem utópicas quaisquer tentativas de supressão do caráter mediador ou refratário da instância política – aquilo a que ele e seus discípulos chamarão "as ilusões da transparência" do social no político, sejam elas oriundas do liberalismo ou do democratismo extremado, sejam elas advindas dos totalitarismos de esquerda ou de direita.

A compreensão do político atinente ao modo de instituição de cada tipo de sociedade depende, por sua vez, de um procedimento comparativo. Assim é que a apreensão da forma peculiar de instituição da democracia liberal enquanto regime moderno depende de sua comparação com a forma social que a antecedeu, a monarquia, e com aquela forma que tentou ultrapassá-la, o totalitarismo. Ao contrário da monarquia, cujo fundamento originário era transcendente e na qual a pessoa do monarca servia de instrumento por que a multidão se tornava sociedade, na democracia o "lugar do poder" fica vazio. Não sendo mais possível instituir o social apelando a uma ordem anterior e superior, pela mobilização

---

17 LEFORT, Claude (1972). *Le travail de l'oeuvre Machiavel*. Paris: Gallimard.

da religião ou da tradição, as normas de organização da democracia ficam sujeitas ao perpétuo questionamento por seus cidadãos. Daí o caráter inarredavelmente indeterminado e problemático do regime político moderno bem como a inviabilidade de qualquer tentativa de "resolvê-lo" ou "solucioná-lo" em definitivo. Com efeito, o totalitarismo estava de antemão fadado ao fracasso justamente porque seu motor radicava na veleidade de suprimir a diferença entre a sociedade e o lugar de poder que a constitui, movido pela ilusão de conseguir fazer o social transparecer no político. O papel deste é justamente o de servir de espelho capaz de refratar a imagem da multidão e convertê-la em sociedade; por isso meso, é que o político não poderia ser erradicado pelo social, sob pena deste último mesmo desfazer-se juntamente. A tentativa totalitária de suprimir a instância de mediação de molde a representar o povo como em unidade consigo mesmo só poderia por isso ter resultado no que resultou: o terror, decorrente do esforço do partido único em erigir-se em modelo substantivo de unidade, aparadigma de "sociedade ideal" a partir do qual é a sociedade real que precisa ser modelada, por mais altos que sejam os custos sociais.[18] É nesse ponto que a filosofia política de Lefort se entrelaça com a historiografia de Furet: ambos vêem no jacobinismo revolucionário um totalitarismo embrionário – e não uma matriz da qual haveria de sair a "verdadeira democracia" – a socialista – como queriam os marxistas.

---

18 LEFORT, Claude (1987). *A invenção democrática: os limites da dominação totalitária*. Tradução de Isabel Marva Loureiro. 2ª ed. São Paulo: Brasiliense.

Sequências do político: Gauchet e Rosanvallon

Os expoentes mais destacados da Escola Francesa do Político na cena acadêmica contemporânea são Marcel Gauchet (1946-) e Pierre Rosanvallon (1948-). Suas obras são profundamente marcadas pela filosofia política de Lefort, de quem foram discípulos. Esse débito pode ser medido, por exemplo, no recurso ao político como instância de apreensão do fenômeno atinente à sociedade e à política, a tese de irredutibilidade da democracia, e sua contraposição face ao totalitarismo.[19] Já o peso de Furet pode ser avaliado pela importância do papel por eles assinalado à história, reputado instrumento incontornável de reconstrução de uma teoria capaz de conferir inteligibilidade à política moderna. Do mesmo modo, ele os animou na perspectiva de uma história renovada das ideias políticas. Uma vez que o liberalismo representava para ele e Lefort um elemento essencial do fenômeno democrático,

---

19 A respeito de Lefort, diz Gauchet: "Foi o único professor que me marcou verdadeiramente ao longo de meus estudos universitários. Ele não era filósofo, institucionalmente, mas sociólogo. Ele ensinava sociologia geral e, nesse quadro, falava de Maquiavel, de Marx, de Tocqueville, um pouco como fazia Aron na mesma época. Ele superava todos os outros, inclusive humanamente. Pela primeira vez na minha vida, vi com os meus olhos e escutei com os meus ouvidos alguém que era habitado por um pensamento. Eu tinha vinte anos. Ele me foi uma revelação, certamente o encontro intelectual mais importante da minha existência". Vide: GAUCHET, Marcel (2003). *La condition historique*. Paris: Stock, p. 22. Rosanvallon também explica sua aproximação intelectual com Lefort ao fato de ser ele "um filósofo da política que partia de uma compreensão bastante realista e bastante substantiva das dificuldades da democracia". ROSANVALLON, Pierre (2006). "Itinéraire et role de l'intellectuel". *Revista de Libros*. Reprodução no site do Collège de France. Madri, 28 setembro de 2006.

tornava-se imperioso aos pesquisadores recuperar a reflexão política produzida por seus representantes no século XIX. Assim, enquanto Aron e Furet se responsabilizavam pela ressurreição de Tocqueville como teórico da democracia, Gauchet e Rosanvallon encarregaram-se de retirar do limbo as reflexões desenvolvidas pelos outros dois liberais franceses fundamentais do período pós-revolucionário: Benjamin Constant e François Guizot.[20] As semelhanças e afinidades decorrentes da socialização comum não bastam, porém, para erradicar as visíveis divergências entre os dois autores. Gauchet propõe uma abordagem eminentemente filosófica do político que incursiona, em escrita por vezes pedregosa, pelos campos da religião, da pedagogia, da clínica médica e da psicanálise.[21] Por sua vez, devido à sua formação ligada às ciências sociais aplicadas e à política sindical, ou seja, à dimensão empírica da política, Rosanvallon adota uma perspectiva mais terra-a-terra, enveredando para a história social, as políticas públicas e os problemas de gestão num estilo literário claro e sofisticado, a

---

20 GAUCHET, Marcel (1997). Benjamin Constant: l'ilusion lucide du libéralisme. In: *Benjamin Constant Écrits Politiques*, Marcel Gauchet, nova edição revista e ampliada. Paris: Gallimard. ROSANVALLON, Pierre (1985*). Le moment Guizot*. Paris: Gallimard.

21 Assim, por exemplo: GAUCHET, Marcel (1980*). La pratique de l'esprit humain: L'institution asilaire et la révolution démocratique* (em colaboração com Gladys Swain), Gallimard, Paris. GAUCHET, Marcel (1992). *L'inconscient cérébral*. Paris: Éditions du Seuil. GAUCHET, Marcel (1994). *Dialogue avec l'insensé. À la recherche d'une autre histoire de la folie* (em colaboração com Gladys Swain). Paris: Gallimard. GAUCHET, Marcel (2008) *Les conditions de l'éducation*. Paris: Stock. GAUCHET, Marcel (2009). *Histoire du sujet et théorie de la personne*. PU, Rennes.

ocultar a erudição de seus trabalhos. Da mesma forma, a reflexão de Gauchet parece se circunscrever mais claramente no espaço da experiência europeia, ao passo que Rosanvallon expande aqueles horizontes para apreender a democracia enquanto fenômeno planetário, adotando enfoques comparatistas e dialogando com praticamente todos os setores das ciências sociais, em especial a britânica e a norte-americana.

Marcel Gauchet entende o *político* como o conjuntos de mecanismos ou representações primordiais que, projetadas para o campo da *política*, sustentam a vida de uma comunidade, permitindo-lhe pensar a si mesma como unidade, sem renunciar à pluralidade.[22] Sua tese central é de que a democracia moderna resulta de um longo processo por meio do qual a religião deixou paulatinamente de constituir o princípio ordenador do político.[23] Os três novos pilares do regime democrático moderno teriam se destacado da velha forma religiosa por intermédio de três revoluções sucessivas: a da política, no século XVI; a do direito, no século XVIII e da história, no século XIX.[24] Daí que suas obras mais diretamente políticas se debrucem sobre cada um desses *pilares de sustentação moderna do político,* aí inclusa a necessidade de um poder político imparcial que represente mais

---

22 GAUCHET, Marcel (2003). *La condition historique. Entretiens avec François Azouvi et Sylvain Piron.* Paris: Editions Stock, p. 76.
23 GAUCHET, Marcel (1985). *Le désenchentément du monde : histoire politique de la religion.* Paris: Gallimard.
24 GAUCHET, Marcel (2007). *L'avènement de la démocratie.* Tome I: La Révolution Moderne. Paris: Gallimard.

claramente o caráter refratário do Estado sobre o social.²⁵ As crises sofridas pela democracia são também explicadas a partir dos diversos momentos desse processo cada vez mais acentuado de "saída da religião". Estas produzem as "crises de paradigma" da democracia liberal a partir do desarranjo no equilíbrio necessário que deve ser mantido entre aqueles três pilares. É devido a esse motivo que o totalitarismo é percebido como uma "religião secularizada", em que os pilares históricos e políticos foram maximizados em detrimento do jurídico, no contexto de crise do liberalismo – em sociedades onde a perda da forma religiosa de organização levou ao medo generalizado de dissolução do social.²⁶ Hoje vivenciaríamos outra crise, atravessada por uma sensação de esvaziamento cívico simultâneo à explosão de um demandismo individualista, cuja causa residiria justamente na eliminação dos últimos resíduos de organização do político a partir da religião.²⁷ Note-se que, nessa hipótese sobre a passagem de um mundo marcado pela organização hierárquica a partir da religião e aquele do crescente nivelamento social e plena

---

25 Sobre a emergência dos direitos individuais: GAUCHET, Marcel (1989). *La révolution des droits de l'homme*. Paris: Gallimard. Sobre a organização do Estado democrático e a necessidade de um "terceiro poder organizador": GAUCHET, Marcel (1995). *La révolution des pouvoirs : la souveraineté, le peuple et la représentation, 1789-1799*. Paris: Gallimard. Sobre "o pilar histórico": GAUCHET, Marcel (2003). *La condition historique*. Paris: Stock.

26 GAUCHET, Marcel (1998). *La religion dans la démocratie: parcours de la laïcité*. Paris: Gallimard. GAUCHET, Marcel (2007). *L'avènement de la démocratie*. Tome I: La Révolution Moderne. Paris: Gallimard. GAUCHET, Marcel (2007).

27 GAUCHET, Marcel (2007). *La démocratie d'une crise à l'autre*. Paris: Cécile Défaut.

laicidade, é facilmente identificável, ainda que tremendamente dilatado, o esquema explicativo de passagem à modernidade política estabelecido por Tocqueville – a quem Gauchet pagou o inevitável tributo em *Tocqueville, l'Amérique et nous: sur la gênese dês societés démocratiques*.[28]

Pierre Rosanvallon, por sua vez, partilha da mesma concepção básica do político, quando define o *mundo da política* como segmento do *mundo do político*, operado pela mobilização dos mecanismos simbólicos de representação.[29] No entanto, ele discorda de Gauchet no diagnóstico. Para ele, a democracia não experimentaria qualquer crise nos dias de hoje – ao contrário, a crise seria da teoria política tradicional, a qual não teria se dado conta do caráter permanentemente aberto daquela forma político-social e por isso teria perdido a capacidade de dar conta das transformações por ela sofridas nas últimas décadas. Daí a necessidade de remodelar a teoria recorrendo, não mais a categorias abstratas, mas – fiel à lição de Lefort – à história e ao comparatismo, meios únicos de apreender a democracia em suas formas concretas.[30] Ao recusar a oposição entre democracia direta e democracia representativa, em que o debate se polarizava quando da publicação de suas primeiras obras, Rosanvallon já revelava um traço constante de sua obra: a crença de que o político é um fenômeno que só poderia ser compreendido a partir das dificuldades e dos

---

28 GAUCHET, Marcel (2005). *La condition politique*. Paris: Gallimard.
29 ROSANVALLON, Pierre (2002). *Pour une histoire conceptuelle du politique*. Paris: Collège de France.
30 ROSANVALLON, Pierre (2006). *La contre-démocratie: la politque à l'âge de la défiance*. Paris: Le Seuil, p. 31.

problemas substantivos da vida democrática. Esta característica faria dele um crítico considerável da teoria normativa que dominava o cenário intelectual internacional pelo intermédio de autores como John Rawls e Jürgen Habermas. Motivado assim por um enfoque histórico ou sociológico da democracia, Rosanvallon envidou esforços pela reabilitação dos autores realistas da primeira metade do século, relançando as obras clássicas de Michels e Ostrogorski sobre os partidos políticos. Em 1992, Rosanvallon assumiu a direção do Centro Aron, posto por ele ocupado durante mais de dez anos, quando passou ao Colégio de França.

    De um modo geral, pode-se dizer que sua reflexão até o início da presente década girou em torno de três eixos centrais, que lhe permitiram acumular o capital intelectual que ele julgava indispensável para reestruturar a teoria da democracia. O primeiro deles passa pela interpretação e evolução das instituições de solidariedade social e da teoria da justiça. Segundo Rosanvallon, a reflexão democrática é inseparável da discussão sobre as condições práticas do contrato social, que hoje passam, inevitavelmente, por um acordo sobre a redistribuição da renda e pelos problemas da solidariedade em geral.[31] O segundo eixo de sua reflexão reside na história do que acabou por denominar o "modelo político francês", que, no contexto de declínio do marxismo e, concomitante, proximidade do bicentenário da Revolução Francesa, no intento de melhor apreender a cultura

---

31 ROSANVALLON, Pierre (1976). *L'âge de l'autogestion*. Paris: Le Seuil. ROSANVALLON, Pierre (1981). *La crise de l'état-providence*. Paris: Le Seuil. Este último foi traduzido no Brasil: ROSANVALLON, Pierre (1997). *A crise do estado-providência*. Tradução de Joel Ulhoa. Goiânia: UFG. Sobre o mesmo assunto: *La nouvelle question sociale: repenser l'état-providence* (1995).

liberal, o impeliu ao se debruçar desde a natureza do capitalismo até a trajetória do Estado na França.[32] O eixo mais notório de sua obra, entretanto, foi aquele dedicado à reconstituição da história intelectual da democracia francesa e sua correspondente cultura política desde 1789. Foi ele que deu origem ao famoso trítico sobre a cidadania, a representação e a soberania, que o consagrou no circuito internacional.[33] Ao cabo de vinte anos estudando o Estado e a cultura política, Rosanvallon julgou que já poderia retomar seu objetivo inicial de reconstruir a teoria geral da democracia. Partiu, então, para a elaboração de uma nova trilogia, destinada a abordar as transformações da atividade democrática, da legitimidade política e da base territorial do Estado-nação.[34] Os dois primeiros volumes já vieram a lume, faltando o terceiro, que deve ser lançado em 2011.

---

32 ROSANVALLON, Pierre (1979). *Le capitalisme utopique: histoire de l'idée de marché*. Paris: Le Seuil. Esse livro foi traduzido no Brasil como: ROSANVALLON, Pierre (2002). *O liberalismo econômico: história da ideia de mercado*. Tradução de Antônio Penalves Rocha. Bauru: Edusc. Sobre o mesmo assunto: ROSANVALLON, Pierre (1985). *Le moment Guizot*. Paris: Gallimard; e ROSANVALLON, Pierre (1994). *La monarchie impossible. Histoire des chartes de 1814 et 1830*. Paris: Fayard. Há ainda duas obras, digamos, programáticas: ROSANVALLON, Pierre (1990). *L´État en France, de 1789 à nos jours*. Paris: Le Seuil; e ROSANVALLON, Pierre (2004). *Le modèle politique français: la société civile contre le jacobinisme de 1789 à nos jours*. Paris: Le Seuil.

33 ROSANVALLON, Pierre (1992). *Le sacre du citoyen: histoire du suffrage universel en France*. Paris: Gallimard. ROSANVALLON, Pierre (1998). *Le peuple introuvable: histoire de la représentation démocratique en France*. Paris: Gallimard. ROSANVALLON, Pierre (2000). *La démocratie inachevée: histoire de la souveraineté du peuple en France*. Paris: Gallimard.

34 ROSANVALLON, Pierre (2006). *La contre-démocratie: la politique à l´âge de la défiance*. Paris: Le Seuil. ROSANVALLON, Pierre (2008). *La légitimité démocratique: impartialité, réflexivité, proximité*. Paris: Le Seuil.

Rosanvallon, historiador do político

Das reflexões ou notas de trabalho escritas e divulgadas por Rosanvallon ao longo de seu trabalho como historiador emergiram os dois artigos que compõem o presente volume: "Por uma história filosófica do político" e "Por uma história conceitual do político". O primeiro deles é essencialmente metodológico e representa uma consolidação expandida de um artigo anterior, chamado "Por uma história conceitual do político – nota de trabalho", publicado em 1996 na Revue de Synthèse. Já o segundo artigo foi redigido por Rosanvallon como conferência para servir de lição inaugural à cátedra de História Moderna e Contemporânea do Político do Colégio de França, que passou a ocupar em 2002. Para além da reafirmação metodológica, o texto contém o seu programa de pesquisa da disciplina naquela instituição, atualmente em plena e exata execução.[35] Não fica clara, no entanto, a razão que levou o autor de um artigo a trocar a qualificação de sua abordagem historiográfica de "filosófica" para "conceitual". Esta observação parece necessária, entre outros motivos, porque o "filosófico" remete ao conceito lefortiano do político, ao passo que o "conceitual" sugere uma inclinação para a *Begriffsgeschichte* de Koselleck.

A diferença parece, todavia, não guardar maiores significados. Primeiro, porque Rosanvallon emprega as duas expressões de modo intercambiável. Além disso, sob uma expressão ou outra, ele jamais se distancia das postulações de Lefort, ao passo que assinalou alhures as diferenças entre sua história do político e aquela praticada na

---

35 ROSANVALLON, Pierre (2002). *Chaire d'histoire moderne et contemporaine du politique. Leçon inaugurale faite le jeudi 28 mars 2002*. Paris: Collège de France.

Alemanha pelo falecido autor de *Crítica e crise*. Rosanvallon queria fazer "uma história compreensiva das ideias e desenvolver uma compreensão da racionalidade dos atores políticos. Nunca pretendi separar uma história renovada das ideias de uma história propriamente política". Ainda em matéria teórico-metodológica, em *Por uma história filosófica do político*, Rosanvallon deixa entrever as diferenças de sua abordagem tanto em relação ao contextualismo linguístico de Quentin Skinner quanto do normativismo de Rawls e Habermas: "Não é possível se contentar com uma abordagem normativa que nos forneça uma visão puramente ideal da política e da democracia", ele reitera noutro lugar. "É preciso redefinir o enfoque normativo para suprimir o hiato existente entre a história e a teoria".[36] Rosanvallon esclarece assim a sua posição intermédia entre aqueles autores, na medida em que, enxergando na história uma ferramenta indispensável para uma reflexão realística do político, se vê compelido a se afastar tanto dos excessos do historicismo, que dispensam a reflexão do presente, quanto do normativismo teórico, que, ao rechaçar a história, rechaçaria a realidade.

Para Rosanvallon, a tarefa do historiador é a de tentar *restituir ao passado sua dimensão de presente*, isto é, de indeterminação. Para tanto, é preciso resgatar a experiência política dos atores, seus sistemas de ação, representação e contradição, de tal sorte que o presente do passado nos ajude a melhor refletir sobre o nosso presente e não apenas a explicar simplesmente o presente ou

---

36 ROSANVALLON, Pierre (2006). "Itinéraire et role de l'intellectuel". *Revista de Libros*. Reprodução no site do Collège de France. Madri, 28 de setembro de 2006(a).

o que ele foi. Meio de compreender os dilemas da democracia, essa *história filosófica ou conceitual do político* se estabelece a partir dos vínculos conceituais entre as questões candentes de uma sociedade e suas representações políticas no decorrer da história. Sujeito e titular da democracia, o povo somente afirma sua existência política através das ideias que ele faz de si mesmo, quer dizer, na medida em que seus componentes se percebem como um todo coerente. As representações daí decorrentes se refletem diretamente nas concepções institucionais adotadas, pois são elas que conferem visibilidade às ideias que o povo nutre a respeito do exercício legítimo do poder. A tarefa de recuperar essas formas históricas de auto-representação impõe, por conseguinte, a recusa em distinguir o espaço para onde, de um lado, converge a representação – a *política* –, e, de outro, aquele onde a representação é produzida – o *político*. Como experiência concreta, a história social e a história intelectual são inseparáveis: o *mundo da política* não passa de um segmento do *mundo do político*, que opera pela mobilização dos mecanismos simbólicos de representação. Esperamos que a publicação dos presentes textos em língua portuguesa contribua para a maior difusão das reflexões dessa Escola Francesa do Político, ainda incipientes entre nós.

POR UMA HISTÓRIA FILOSÓFICA DO POLÍTICO*

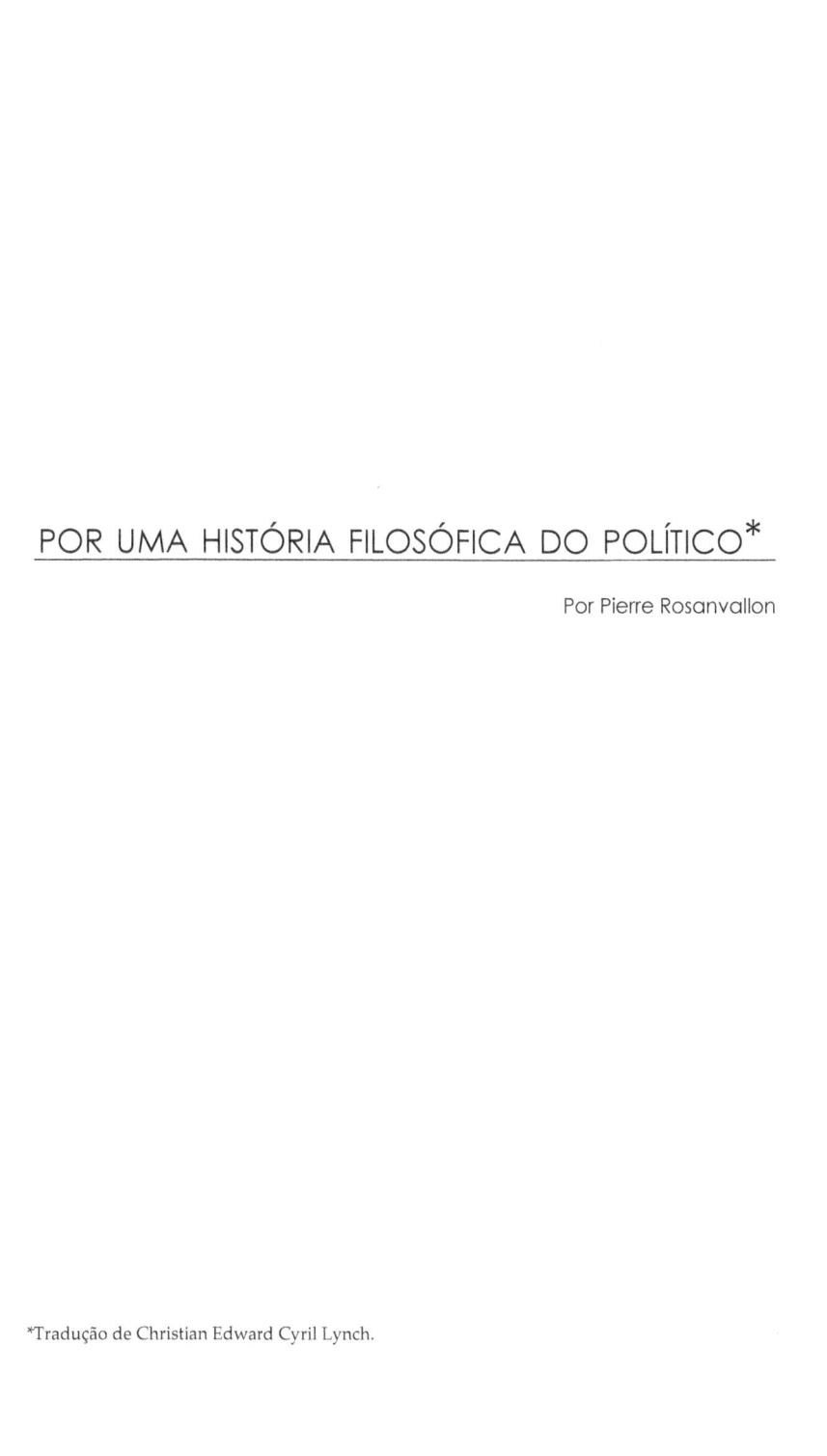

Por Pierre Rosanvallon

*Tradução de Christian Edward Cyril Lynch.

I

Nos últimos vinte anos temos testemunhado um "retorno ao político", frase hoje já banalizada pelo uso. Tal retorno pode ser explicado pela concorrência de dois fatores. Primeiro, ele pertence a um momento na história quando, simultaneamente, descobrimos a centralidade do tema da democracia e de sua problemática natureza. Até o final da década de 1960, a visão de uma divisão ideológica fundamental serviu para organizar o espaço intelectual em torno da oposição entre duas visões hegemônicas de mundo: a marxista e a liberal. Os advogados da democracia parlamentar clássica e os campeões da "verdadeira" democracia, cada um de sua parte, acreditavam que os modelos cujos méritos proclamavam correspondiam a um ideal completamente realizado. Na década de 1970, uma nova versão da crítica do totalitarismo alterou essas convicções, levando a uma análise mais profunda do problema da democracia. Desde o fim dos anos 1980, num contexto caracterizado pela ascensão do nacionalismo e pela crise do Estado de Bem Estar, a necessidade de um novo contrato social prolongou essa busca, contribuindo para tornar as questões políticas novamente centrais. Mas o "retorno do político" também tem uma dimensão metodológica: ele acompanha o desencantamento com as ciências sociais, visível na década de 1980. Postas de lado, de certa forma, a sociologia e a antropologia, a filosofia pareceu a alguns oferecer um caminho melhor para, ao mesmo tempo, entender e formular os problemas das sociedades contemporâneas. É nesse contexto que se pode apreciar melhor a emergência daquilo que chamo a história filosófica do político.

Neste ensaio abordo tal questão tornando explícita a abordagem metodológica e as intenções subjacentes de certo número de publicações de minha autoria, em particular *L'état em France: de 1789 à nos jours*, bem como *Le sacre dy citoyen*.[1] Um ponto preliminar, todavia, merece ênfase. A identificação de uma nova história filosófica do político reside em uma definição do domínio político distinta daquela geralmente assumida pela ciência política, para a qual a política constitui uma subárea do sistema social como um todo. Max Weber, por exemplo, considerava que a ordem política, entendida como o exercício do monopólio legítimo da violência, estava em oposição à economia e à ordem social. Cada esfera de atividades estaria sujeita a instituições e princípios reguladores próprios. Seria possível mencionar muitas outras definições do que seja a política. Mas o que caracteriza as ciências sociais é que elas a consideram em termos de sua

---

1 Pierre Rosanvallon, *L'état en France: de 1789 à nos jours* (Paris, 1990); Pierre Rosanvallon, *Le sacre du citoyen – histoire du suffrage universel em France* (Paris, 1992).

especificidade: a coerência inerente do domínio político emana de uma qualidade particular do poder como um meio de moldar a organização e a hierarquia da fábrica social.

Na contramão dessa definição, a história filosófica do político "implica por outro lado a noção de um princípio ou um conjunto de princípios engendrando as relações que as pessoas mantêm entre elas e com o mundo".[2] Vista deste ângulo, tomando como ponto de referência a dimensão simbólica característica da sociedade, não se trata apenas de desenhar uma linha entre o que é político e o que é social. Embora a inserção do político no interior dessa estrutura simbólica seja incontestável (e, diga-se de passagem, é este o fato que torna fundamental a relação entre o político e o religioso), é necessário, porém, ser ainda mais exato. Aqui podemos nos referir às observações muito esclarecedoras de Claude Lefort, que define o político como o conjunto de procedimentos a partir dos quais desabrocha a ordem social. Interpretado nesse sentido, o político e o social são indissolúveis, este derivando daquele seu significado, sua forma e sua realidade. Essa definição do político baseia-se numa dupla premissa: a primeira é o reconhecimento da natureza problemática da elaboração das regras por meio das quais a comunidade pode viver em paz, evitando desse modo o dissenso e sua própria ruína, na perspectiva de uma guerra civil. A definição clássica de Aristóteles na *Política* é aqui apropriada: "Quando há uma razão para a igualdade e uma razão para a desigualdade, então entramos no reino da dúvida e da filosofia política".[3]

---

2 Claude Lefort, *Essai sur la politique*, XIXe-XXe siècles (Paris, 1986), p. 8.
3 Aristóteles, *Politics* (III, 1282 B 21).

Compreendido dessa forma, o político pode ser definido como uma esfera de atividades caracterizada por conflitos irredutíveis. O político resulta da necessidade de estabelecer uma norma para além do ordinário, norma que, entretanto, não pode de modo algum ser derivada de algo natural. O político pode, portanto, ser definido como o processo que permite a constituição de uma ordem a que todos se associam, mediante deliberação das normas de participação e distribuição. "A atividade política", como observa Hannah Arendt em idêntica linha, "está subordinada à pluralidade da atividade humana... A atividade política diz respeito à comunidade e com o modo pelo qual ser diferente afeta as respectivas partes".[4]

II

Podemos sempre começar com essa definição clássica do político. Mas é também necessário enfatizar que ela adquire um novo significado na sociedade moderna. De fato, na definição de Aristóteles, o aspecto problemático da participação e da distribuição é mantido dentro de certos limites pela crença, que ela pressupõe, numa certa ordem natural das coisas e da sociedade. Nesse caso, o sistema de diferenças é, em parte, um dado já presente. Em contraste, o político nas sociedades modernas está sendo ampliado – pode-se dizer, inclusive, que ele está sendo liberado. Há duas razões para isso. A transição de uma sociedade

---

[4] Hannah Arendt, *Qu'est-ce que la politique?* (Paris, 1995), p. 31.

corporativa para uma sociedade de indivíduos produz, em primeiro lugar, um tipo de déficit de representação. Desse modo, o político é convocado a ser o agente que "representa" uma sociedade cuja natureza não está dada de forma imediata. Segundo Marx, na Idade Média as classes sociais eram imediatamente políticas.[5] Nas sociedades modernas, em contraste, medidas positivas têm sido tomadas no sentido de promover a representação da sociedade, face à necessidade de que uma sociedade de indivíduos se torne visível e notável, e que assim o povo adquira uma face. O imperativo da representação, portanto, distingue a política moderna da antiga. Ao mesmo tempo, deve-se chamar a atenção para uma segunda diferença fundamental, a diferença que deriva do princípio de igualdade ligado ao advento de uma visão da ordem social como produto de convenções (o que implica a igualdade entre indivíduos perante a lei). Nas sociedades modernas já não há limites que possam ser impostos – seja pela natureza, seja pela história – contra processos igualitários. A igualdade subverte todas as tentativas de legitimar as diferenças em razão de alguma ordem natural. A vida social é caracterizada por dois processos, baseados em novas reivindicações por igualdade econômica e pela redução das diferenças antropológicas. Esses dois aspectos da modernidade levam assim a uma ampliação considerável do domínio prático do político, quando comparado à perspectiva aristotélica.

---

5   Cf. K. Marx, *Critique of Hegel's 'Philosophy of right'*, edited by J. O'Malley (Cambridge, 1970), p. 72-3.

Visto desta perspectiva, o objetivo da história filosófica do político é promover um entendimento acerca do modo por que são projetados e se desenvolvem os sistemas representativos, que permitem aos indivíduos ou grupos sociais conceber a vida comunitária.[6] Na medida em que essas representações nascem de um processo em que a sociedade está constantemente se reexaminando, e que elas não são exteriores às consciências dos atores, a história filosófica do político objetiva, primeiramente, entender como uma época, um país ou um grupo social tenta construir respostas para aquilo que, com maior ou menor precisão, elas percebem como um problema. Segundo, a partir da definição de áreas histórico-conceituais, ela busca fornecer uma descrição histórica da atividade intelectual decorrente da permanente interação entre a realidade e sua representação. Seu objetivo consiste, portanto, em identificar as *constelações históricas* em torno das quais novas racionalidades políticas e sociais se organizam, representações da vida pública sofrem mudanças decorrentes da transformação das instituições, e das formas de relacionamento e de controle social. Ela é uma história filosófica porque lida com conceitos incorporados à auto-representação da sociedade, tais como igualdade, soberania, democracia etc., que permitem organizar e verificar a inteligibilidade dos eventos e seus princípios subjacentes. Tal definição justifica por que privilegiar dois grandes momentos históricos: a perda de autonomia da ordem social entendida como um organismo corporativo – a

---

6   O termo *história política* é preferido à *história intelectual* porque o termo *história intelectual* possui um sentido muito estrito no mundo anglo-saxão, já que trata a história como sendo uma dimensão separada da produção intelectual e dos círculos intelectuais.

história do político na medida em que este está relacionado com o afrouxamento da representação orgânica da ordem social – e o subsequente período democrático. Esses dois grandes momentos são muito diferentes um do outro. Um consiste na história da origem das formas contemporâneas do político, do Estado, paralelamente à emergência do indivíduo; o outro é a história do que se pode chamar "experiência democrática".

Contrariamente à história das ideias clássicas, o material para essa história filosófica do político não pode ser limitado a uma análise e comentário de grandes textos, muito embora, em certos casos, eles possam justificadamente ser considerados centrais na medida em que ilustram as questões suscitadas em determinado período histórico e as respostas então oferecidas. A história filosófica do político segue a história das mentalidades, ao preocupar-se em incorporar todos os elementos que produzem este objeto complexo que é a cultura política. Esta tarefa certamente inclui o modo por que grandes textos teóricos são lidos, mas também a atenção às obras literárias, a imprensa e os movimentos de opinião, panfletos e discursos parlamentares, emblemas e signos. Ainda mais largamente, a história dos eventos e instituições deve ser aprendida como algo em permanente construção, de tal modo que, assim considerada, não há objeto que possa ser considerado alheio para esse tipo de história do político. Ela consiste em reunir todos aqueles materiais empregados, cada um de modo separado, por historiadores das ideias, das mentalidades, das instituições e dos eventos. Por exemplo, a relação entre liberalismo e democracia durante a Revolução Francesa não pode ser resolvida como um debate de alto nível travado entre Rousseau e Montesquieu. Deve-se fazer um esforço para entender o que as pessoas que citaram estes autores como autoridades leram de fato nas obras deles; estudar o calhamaço das petições enviadas à Assembleia Nacional; imergir no mundo dos panfletos, inclusive os satíricos; reler debates parlamentares, familiarizar-se com as práticas dos clubes e comitês. Também é necessário estudar a história das palavras e o desenvolvimento da linguagem (democracia não significa a mesma coisa em 1789 e 1793, por exemplo). Essa história é naturalmente multifacetada.

Como analisar a multiplicidade desses vários níveis? Essa é uma questão importante porque frequentemente a história do político (quando confundida com a história das ideias) é recriminada por ser apenas uma história dos grandes autores. Como se pode lidar com essa questão da história vista de cima ou de baixo? Aqui mais uma vez devemos nos aperceber do significado dos textos clássicos. Se certo número de textos parecem ser cruciais, não é apenas porque são expressões do pensamento, mas porque eles representam a formalização de um momento histórico, político ou filosófico específico. Não se trata simplesmente de realizar uma leitura do *Contrat social* ao estilo de Leo Strauss – *Du contrat social* como contribuição filosófica – algo interessante em si mesmo – mas de mostrar como *Du contrat social* representa uma das formas de expressão da questão da construção da ordem social no século XVIII. Se os grandes textos gozam de um *status* particular nessa história, é porque a sua peculiar qualidade é, precisamente, a de estabelecer uma conexão entre um texto e um problema. Mas, obviamente, ninguém pode se restringir aos grandes textos. Se, por exemplo, queremos entender como emerge a visão moderna da representação política, não há como se desincumbir dessa tarefa fazendo referência apenas a Sieyès ou Barnave, ou mesmo à oposição entre uma visão antiga da representação, como a de Montesquieu, e a sua crítica radical, como a de Rousseau. É necessário também analisar de que modo uma sociedade em geral se coloca a mesma questão, levando em consideração panfletos, iconografia e músicas. Assim, quando escrevi *Le sacre du citoyen,* tentei não separar os textos clássicos daqueles materiais de origem intelectualmente menos nobre. Procurei colocar a análise de documentos iconográficos lado a lado com um comentário clássico sobre diferentes textos.

Nesse sentido, a história filosófica do político representa uma tentativa de dar um novo significado ao projeto de Fernand Braudel de *uma história total*. Devemos, de fato, nos mover na direção de uma história política total a fim de construir o sentido do político em toda sua complexidade. Hoje são muitas as vias pelas quais a história se renova. Nesse aspecto, os debates contemporâneos sobre as fronteiras entre história e ficção, a renovação da abordagem biográfica para o conhecimento da ordem social ou a renovação da micro-história são todas significativas. A história vive dessas questões e dessas mudanças. A nova história filosófica do político deve ser compreendida no interior deste conjunto maior de inovações na disciplina. É essa nova história que se apropria, de um modo distinto, do antigo projeto de uma história total – uma história na qual, em princípio, não se separam os diferentes instrumentos das especialidades históricas. Nesse sentido, a história do político pode extrair conhecimentos da história cultural, da história social; da clássica história das instituições políticas e da história das ideias. Entretanto, o que lhe confere a coerência não é apenas a variedade de instrumentos de que ela pode dispor, e sim o seu objeto próprio. É a particularidade de seu objeto que a distingue de outras áreas da história.

A originalidade dessa história filosófica do político reside tanto na sua abordagem e como no seu conteúdo. Sua abordagem é, ao mesmo tempo, interativa e compreensiva. Interativa, pois ela consiste em analisar o modo pelo qual uma cultura política, suas instituições e eventos interagem para estabelecer formas políticas mais ou menos estáveis. Isso é feito mapeando as sobreposições, divergências, distorções, convergências e lacunas que caracterizam a formação de modelos políticos e determina o que é equívoco ou ambíguo acerca deles ou, ainda, em suas realizações. A história filosófica do político é também compreensiva, porque seu objetivo central é apreender uma questão situando-a no contexto de sua emergência. Sob tais condições é impossível manter uma perspectiva objetivista, que creia ser possível ao historiador, de uma posição externa, pesquisar e controlar um objeto passivo. A abordagem compreensiva busca apreender a história em seu fazer-se, ou seja, enquanto ela mantém suas potencialidades – e antes, portanto, que ela se efetive no modo histórico e passivo, como um fato necessário. No sentido proposto por Max Weber, a compreensão no campo da história implica reconstruir o modo pelo qual os atores entendem sua própria situação, redescobrindo as afinidades e as oposições a partir das quais eles projetam suas ações, configurando genealogias de possibilidades e impossibilidades que, implicitamente, estruturam seus horizontes. Esse é um método baseado na empatia, já que pressupõe a capacidade de seu operador de se dirigir a um objeto, colocando-se na situação em que este emergiu. Mas esta é naturalmente uma forma de empatia limitada em razão de uma distância que permita também compreender os pontos cegos e as contradições dos atores e autores. Trata-se, pois, de uma empatia controlada, por assim dizer.

III

Tais comentários gerais acerca da definição do conteúdo e da abordagem de uma história conceitual do político não importam na rejeição dos métodos tradicionais da história das ideias, dos eventos e das instituições – nem da história das mentalidades, mais recente –, e sim reavaliar os temas de pesquisa próprios a elas, a partir de uma perspectiva nova. Tal reavaliação pode, em alguma medida, implicar o risco de uma volta ao passado. Isso é particularmente verdadeiro no que diz respeito à história das ideias. Esse campo foi abandonado há tanto tempo pelos acadêmicos franceses, que muitas vezes foi preciso começar por uma reconstrução histórica mais tradicional antes de se tentar uma abordagem propriamente conceitual. É importante aqui entender a conexão entre essa história do político e aquela vista como própria à *Ecole des Annales*. A distância entre ambas apareceu de forma exagerada nos anos 1980, por conta do inevitável sentido de redescoberta oriundo de uma reavaliação de um campo acadêmico que havia sido negligenciado por tempo demais. O resultado foi que o retorno a uma tradição anterior da história das ideias foi por algum tempo considerado como correspondente a uma nova abordagem do político. Uma vez que esse momento em que redescoberta e inovação pareceram superpostos parece ter chegado ao fim, fica claro que a história do político se insere numa perspectiva mais de ampliação e renovação do que de ruptura com a escola histórica francesa. O caminho adiante ainda é incerto e experimental. Por isso entendo que essa tentativa possa, por vezes, parecer daquelas que opõem a história de cima para baixo à história de baixo para cima. Em termos de objetivos e métodos, é aí que no caminho deste ambicioso projeto, reside o maior obstáculo. É preciso adotar uma trilha entre aquilo que poderia se tornar uma simples história das ideias, ainda que melhorada, e aquilo que seria meramente filosofia política.

Longe de estar isolada de outros campos da pesquisa histórica, a história filosófica do político, se encontra, ao contrário, facilmente reconciliada com eles. Além do mais, certos historiadores vêm descobrindo por si mesmos a dimensão do político, partindo de sua própria perspectiva histórica. É o que ocorre com a história social, se tomarmos como exemplo o trabalho de Jacques Julliard.[7] Também é o caso da história dos símbolos, tal como praticada por Pierre Nora em *Les lieux de mémoire*.[8] *L'histoire de France*, publicada por Le Seuil e editada por André Burguière e Jacques Revel, tem contribuído para um intercâmbio muito frutífero também.[9] As condições para um diálogo produtivo, com a colaboração de

---

7 J. Julliard, *Autonomie ouvrière. Etudes sur le syndicalisme d'action directe* (Paris, 1988).

8 P. Nora, *Les lieux de mémoire* (Paris, 1984-6), cf. especialmente o livro I, 'La République' e o volume II, livro II, 'La nation', onde a política ocupa um espaço bastante considerável.

9 André Burguière e Jacques Revel (eds.), *L'histoire de france* (Paris, 1989-93).

historiadores, filósofos e sociólogos, vêm dessa forma emergindo firmemente. O trabalho com juristas tem ampliado ainda mais as possibilidades de troca. Em razão de sua própria natureza, o estudo do político toma de diversos caminhos, com a consequente desmontagem de estreitas fronteiras disciplinares.

Levando o argumento mais adiante, o propósito desse empreendimento é romper com a divisão entre história política e filosofia política, de modo a alcançar um ponto de convergência entre ambas. As razões dessa ambição se radicam no pressuposto importante de que a história deve ser considerada um material da filosofia política e um objeto sobre o qual ela reflete. Hannah Arendt vai nessa direção: em *Between past and future*, ela observa que "o próprio pensamento emerge de incidentes da experiência viva e a eles deve continuar vinculado, na medida em que são os únicos guias de quem é possível obter orientação".[10] Aqui emerge uma das principais marcas da filosofia política: ela pode ser caracterizada primariamente por sua relação necessária, intransponível e sempre problemática com as experiências e opiniões presentes em um dado momento na política real de uma comunidade em geral.[11] Assim, de modo nenhum a filosofia política pode ser encarada como uma província da filosofia. Pelo contrário, ela constitui um modo particular de filosofar, já que seus objetos

---

10 H. Arendt, 'Preface'. In: *Between Past and Future. Eight Exercises in Political Thought* (Harmondsworht, 1978), p. 14.

11 Cf. H. Arendt, 'Truth and politics'. In: Arendt, *Between past and future*. Nesse ponto eu corroboro os excelentes comentários de Philippe Raynaud no artigo 'Philosophie politique'. In: Philippe Raynaud e Stépahne Rials (eds.), *Dictionnaire de philosophie politique* (Paris, 1996).

resultam diretamente da vida da comunidade, juntamente com a totalidade dos argumentos e controvérsias que a atravessam. Nessa perspectiva, é necessário insistir no fato de que nenhum conceito político (seja ele democracia, liberdade ou outros) pode ser dissociado de sua história.

Entendida dessa maneira, a experiência política constitui de fato o tema da filosofia política, fato que exige, da mesma forma, que esta última acompanhe o movimento da primeira, por assim dizer. A consequência é considerar a história da política como uma forma de pesquisa na qual nós estamos imersos, independentemente das intenções e dos propósitos. Com efeito, se por um lado a democracia será sempre a única solução aparente para o problema moderno da constituição da ordem social, por outro ela permanecerá sempre uma questão por responder, na medida em que ela jamais se esgotará numa resposta perfeitamente adequada. Essa história filosófica do político envolve, portanto, retrabalhar constantemente as antinomias constitutivas da experiência moderna, na tentativa de desvendar o fio histórico das questões, perplexidades e inovações, de molde a compreender a história em seu fazer-se como parte da experiência. Em síntese, trata-se de escrever uma história que possa ser qualificada como compreensiva.

A abordagem compreensiva pode ser justificada pela pressuposição de que há uma *invariância* entre a nossa própria situação e aquela do autor ou ator que está sendo estudado. Para os sociólogos weberianos, tal invariância é da própria natureza humana. No caso de uma história conceitual das ideias, ela é uma função da nossa imersão consciente nas questões investigadas pelos próprios autores. O trabalho do historiador pode assim se abrir na direção de um novo tipo de comprometimento intelectual. Este ato não implica investir nossas ideias, preferências ou suposições *a priori* num texto ou numa posição, tampouco tomar por realidade a representação de grupos sociais ou autores com quem o intérprete esteja mais identificado. O objetivo é tornar a história conceitual um meio para compreender o presente. É possível que isso soe um lugar-comum: o que é interessante na história do passado é sua capacidade de lançar luz sobre o presente. Olhando a questão mais de perto, porém, as coisas não são tão simples. Com efeito, muitos livros de história preferem reinterpretar a história a partir dos termos do presente, ou mesmo do futuro, conforme imaginam que ele será. Essa inversão dos termos de compreensão me parece particularmente surpreendente no campo da história política.

Tomemos um exemplo da história política da Revolução Francesa. O livro de Aulard,[12] que nesse tema continua sendo o trabalho clássico de referência, produz uma análise do movimento político da Revolução relacionando constantemente os discursos e as instituições políticas a partir do que ele julga ser uma democracia, tomando-a como ideia resolvida e estabelecida.[13] Assim ele traça os avanços e reveses da democracia entre 1789 e 1799 tendo sempre por norte a sua própria visão de democracia (governo para o povo e através do sufrágio universal). Ele faz julgamentos sobre esse período tomando o presente como ponto

---

12 A. Aulard, *Histoire politique de La révolution française* (Paris, 1901).

13 O subtítulo da obra de Aulard – "Origines et développement de la démocratie et de la république" – é ele próprio uma ilustração desse ponto de vista.

fixo de referência. Esse tipo de história, ao mesmo tempo gradualista e linear, enxerga como um dado e um fato incontestável (sufrágio universal = democracia) o que, na verdade, é o cerne de um problema (a gradual redução da ideia de democracia à ideia do voto). Aulard age como se a presente ideia democrática estivesse ali *desde o início*, impedida apenas de emergir completamente em razão de circunstâncias, insuficiente discernimento dos atores envolvidos ou do impacto da luta de classes entre povo e burguesia. A história lida dessa maneira é sempre de grande simplicidade: ela é o território onde forças opostas se chocam (ação e reação, o progressista e o reacionário, o moderno e o arcaico, o burguês e o popular), os avanços e os reveses da ideia sendo explicados como resultantes daqueles entrechoques. O passado é julgado do ponto de vista do presente, que em si mesmo não é objeto de reflexão. Nessas condições, a história se torna um obstáculo genuíno para o entendimento do presente. A história filosófica do político na sua forma compreensiva nos permite, por outro lado, superar a barreira entre história política e filosofia política. Entender o passado e investigar o presente faz parte de um mesmo processo intelectual. Além disso, a história filosófica possibilita um ponto de encontro entre interpretação/comentário (*essayisme*) e erudição, tarefas frequentemente vistas como inconciliáveis. A erudição é a condição vital para compreender o trabalho de história (a quantidade de informações a coligir e de textos a ler é, de fato, considerável quando se leva a cabo um estudo compreensivo), ao passo que o comentário, forma de intervenção sobre o presente, é o motor por trás das questões subjacentes ao desejo de conhecer e compreender. Esta não é uma história "engajada" (na qual o escritor projeta suas paixões e preferências pessoais), tampouco é uma história *whig*, cuja chave e a inteligibilidade possuímos de antemão. Trata-se de uma história das *ressonâncias* entre nossa experiência e aquela do passado.

Essa maneira de conceber a atividade do historiador nos permite, portanto, reconsiderar *a relação entre trabalho intelectual e a envolvimento cívico e político*. A força dessa história do político consiste em considerar a vida acadêmica de modo que ela se torne parte integral da experiência cívica. Isso conduz em direção a uma nova forma de comprometimento cívico, de um tipo mais substantivo, diferente daquele determinado pela *posição* do intelectual (ou seja, a autoridade conferida a ele em função de seu saber especializado). De certo modo, é a própria natureza do trabalho intelectual que produz esse novo comprometimento político. Se a preocupação com a vida cívica pode assumir formas outras que o combate político ordinário, ou a adesão a certos valores ou utopias, ela pode ser pensada como a capacidade de apreender de forma lúcida as antinomias decorrentes das circunstâncias em que o povo se encontra e as questões que delas podem surgir. Assim, o trabalho do historiador do político é parte e parcela desse processo cívico. O conhecimento torna-se então uma forma de ação, que torna o trabalho intelectual *per si* uma forma de prática política. Trata-se de uma forma de entendimento político que, pela sua contribuição à elucidação das antinomias, participa da tentativa de definir o que pertence propriamente ao domínio do político. O que está em jogo aqui é a conexão entre erudição e envolvimento, entre o compromisso do trabalho e o compromisso no trabalho. A história filosófica do político é capaz de forjar simultaneamente os instrumentos de entendimento e as ferramentas para o envolvimento prático. O objetivo é alcançar o ponto em que a distinção entre conhecimento e ação desaparece. Isso quer dizer participar do processo pelo qual a sociedade venha a não mais separar o conhecimento da ação em si do conhecimento das causas que contribuíram para ela.

O projeto de uma história filosófica do político é, portanto, baseado em uma tese forte. Ele pretende reconstruir, em novas linhas, as relações entre trabalho intelectual e política. O trabalho intelectual não é uma forma de capital disponível para ser reinvestido em outros campos graças ao grau de visibilidade assegurado pelo renome acadêmico (que confere credibilidade ao discurso político por si mesmo). Ao contrário, ele é o conteúdo mesmo do trabalho intelectual que possui uma dimensão cívica. Falando de forma mais pessoal, é em razão disso que não detecto uma diferença clara entre as minhas publicações mais acadêmicas e aquilo que escrevo enquanto engajamento social e político mais direto. Embora haja diferença entre ensaio e trabalho especializado, o primeiro é resultado do investimento intelectual sério do segundo. Naturalmente, há diferentes níveis e formas de escrever. Pode-se escrever como um acadêmico ou um ensaísta; pode-se também se expressar em diferentes níveis de complexidade, lidando-se com um leque bastante variado de fontes. Contudo, entendo que o curto ensaio interpretativo não deve ser considerado muito diferente do denso tomo acadêmico que leva o selo de erudição, tendo em vista que ambos fluem certamente da mesma fonte de aprendizado. Eu mesmo me esforço por combinar os dois gêneros. Nesse ponto, há uma natureza experimental em meu trabalho. Mas tento, sobretudo, escrever livros sobre política de um tipo diferente, a fim de encontrar meios de conjugar o comum interesse pelo trabalho acadêmico e pelos temas da vida cívica. Reconheço de antemão que esta é uma posição minoritária na academia, o que não me parece, porém, torná-la menos digna de ser defendida.

IV

Depois de delineado o programa, tentarei agora responder a certo número de objeções frequentemente suscitadas contra essa abordagem, e tentar definir com mais precisão a relação entre ela e outras abordagens. Uma das principais objeções contra a história filosófica do político é apresentada pelo historiador Roger Chartier, que tem criticado o retorno ao político como uma banal e idealística tentativa de restaurar a velha filosofia do sujeito livre, cuja reputação as ciências sociais haviam desmoralizado.[14] No seu entender, a história filosófica do político equivoca-se ao distinguir entre o discursivo e o não-discursivo. Semelhante crítica pareceria justificada caso se tentasse, aqui, opor as ciências sociais à velha concepção da história das ideias. Mas é precisamente da essência da história filosófica do político considerar que as representações sociais não podem ser equiparadas às ideologias, nem reduzidas à condição de preconceitos que espelhariam determinado estado das relações

---

14 Ver a discussão de Jeremy Jenning a respeito da posição de Chartier em seu capítulo nesse volume.

sociais. A história filosófica do político postula que, para além das ideologias e preconceitos, há representações positivas organizando o campo intelectual no qual existe um determinado conjunto de possibilidades em dado momento histórico. Essas representações precisam ser levadas a sério, pois constituem reais e poderosas infra-estruturas sociais. Contrariamente a uma visão idealista, que desconsidera os determinantes econômicos e sociais que estruturam o campo da ação humana, essa abordagem propõe enriquecer e tornar mais complexa a noção de determinação. Ao lado de representações passivas, é necessário levar em conta todas aquelas representações ativas que moldam a ação, encerram o campo de possibilidades a respeito do que é possível pensar e determinam as questões do momento.

Longe de tomar uma posição contra a história social, essa história filosófica do político segue o seu programa tentando, no entanto, ir além. As ideias que ela leva em conta constituem uma importante parte da realidade, desde que essas ideias sejam definidas como temos tentado fazê-lo. Pode-se mesmo reconhecer que ela incorpora o que há de mais profundo e decisivo na experiência social. Com efeito, nas sociedades modernas as formas de vida comunal registram inelutavelmente uma tensão permanente com suas próprias representações, dado que a estrutura social não é mais um produto da natureza ou da história, precisando, por isso, ser continuamente construída e criticada.

Não rejeito as abordagens usadas na história social, preferindo os grandes autores ou oradores parlamentares às massas silenciosas e sofredoras. Nem desprezo a história material (que de fato pratico em meu trabalho). Por exemplo, é importante retraçar a história das cédulas ou das cabines eleitorais (a cabine australiana). Mas os fatos da história apenas revelam o seu significado quando colocados em um contexto ou inseridos numa história conceitual. Esta, por sua vez, não se restringe à análise de grandes autores – muito embora a leitura deles constitua frequentemente um meio ideal de acesso à cultura política de seu tempo. A história social e a história conceitual possuem o mesmo tipo de relacionamento que aquele existente entre os tempos ordinários e os períodos revolucionários. Os conflitos entre forças do progresso e da reação, entre povo e elite, entre governantes e governados, o choque entre interesses privados e preconceitos, constituem como que o lado cotidiano da história, um cenário cotidiano incansavelmente repetido e revisitado através de formas sucessivas de obediência e dominação, liberdade e opressão. Mas esse padrão ordinário só adquire significado quando devidamente inserido no processo de transformação das instituições e dos modos de pensar. Do contrário, haverá sempre presente uma ameaça de anacronismo que pode se infiltrar e perturbar nosso julgamento. A história filosófica do político pretende manter as duas extremidades da cadeia sob controle. Ao buscar identificar de modo exaustivo as intersecções entre os conflitos humanos e suas representações do mundo, essa história filosófica considera o político como o terreno em que a sociedade transforma a si mesma. Recordemos: objetivos e métodos não podem estar dissociados. Não se trata, portanto, de fazer uma simples história das ideias, mas de entender o pano de fundo contra o qual as categorias que refletem a ação são tanto construídas quanto transformadas; de analisar como surgem as questões e elas se refletem na ordem social, traçando uma estrutura de possibilidades, delineando sistemas de oposição e tipos de desafios. Com efeito, a história política não deve ser entendida como um desenvolvimento mais ou menos linear, que apresenta uma sucessão de conquistas e derrotas antes de nos conduzirem ao fim da história, com a democracia enfim celebrada ou a liberdade organizada. Em síntese: não há uma história hegeliana do político. Não se reivindica essa abordagem em função apenas de uma exigência metodológica, mas porque ela também é congruente com a essência mesma do político, definido que é pela interrelação entre o filosófico e os eventos, o efeito do social sobre o conceitual, e a tentativa de inventar o futuro por meio da distinção entre o velho e o novo.

Outra questão que tem sido ventilada é a da relação entre meu trabalho e o de Michel Foucault. Neste ponto, desejo ser bastante claro: o projeto da história filosófica do político recupera a intenção original de Foucault, tal como foi manifestada claramente, ao que me parece, na *Histoire de la folie* e, talvez ainda mais, em *Le mots e lês choses*.[15] Foucault também está interessado em capturar racionalidades políticas (vide a sua noção de *épistémé*) a partir de uma perspectiva total. Entretanto, o entendimento de Foucault sobre o político me parece bastante limitado. Ele entende o político em termos físicos e biológicos: opõe forças, processos de ação e reação etc. A esse respeito, Foucault permanece prisioneiro de uma abordagem ainda muito estrita do fenômeno do poder. Para ele, o político consiste em uma luta pela emancipação, pressupondo

---

15 M. Foucault, *Histoire de la folie à l'âge classique* (Paris, 1972) ; Foucault, *Le mots et lês choses* (Paris, 966).

uma racionalidade da dominação. A questão do político se resume, assim, à questão do poder, apreendido quase inteiramente em termos de ação estratégica. Embora não se deva negligenciar esse aspecto do político, talvez ele não seja o mais importante: o campo político não é somente organizado por forças claramente determinadas (paixões, interesses); ele é também o território de experimentos e exploração. Em suma, pode-se argumentar que a democracia não é somente uma solução, cuja história pode ser reduzida a uma confrontação entre progresso e reação, que é às vezes brutal e às vezes sutil (Foucault deu uma grande contribuição ao lançar luz sobre esses aspectos sutis). A democracia é também um *problema*, sentido como tal pelos atores sociais.

Apesar de compartilhar dos interesses de Foucault – sua preocupação em se libertar dos limites de sua disciplina, sua preocupação em ser ao mesmo tempo historiador, filósofo e cidadão – meu trabalho se estabelece no âmbito de um entendimento diferente a respeito da natureza da experiência política.

Finalmente, é possível esclarecer a abordagem da história filosófica do político em relação à história contextual das ideias definida por Quentin Skinner. Autor do excelente *The foundations of modern political thought*,[16] Skinner tem buscado ir além do conflito, particularmente manifesto nos países anglo-saxões: ou uma leitura filosófica de grandes autores, baseada em uma perspectiva do texto como algo completo e autosuficiente,[17] ou uma leitura

---

16 Q. Skinner, *The foundations of modern political thought* (2 vol., Cambridge, 1978).

17 Cf. em particular como representativo dessa escola, Leo Strauss e J. Cropsey que sintetizam bem seu ponto de vista em *History of political philosophy* (Chicago, 1963).

histórica com conotações marxistas – que tende a reduzir os escritos políticos à condição de meros produtos ideológicos, que surgem de circunstâncias definidas e são por elas de todo determinados. Influenciado pelo trabalho de J. L. Austin,[18] inclusive na sua preocupação em não se restringir aos grandes autores, Skinner buscou ler os textos como atos linguísticos inscritos em universos de significado convencionalmente reconhecíveis. Textos são lidos como discursos cujos objetivos não podem ser entendidos caso as intenções dos autores não sejam contextualizadas no interior das convenções predominantes. Essa é uma perspectiva que tem conduzido a uma ampla renovação da história das ideias, possibilitando um diálogo entre historiadores e filósofos, mas cuja característica inovadora, a meu ver, tem sido limitada, porém, pela falta de distinção adequada entre o problema dos temas perenes da filosofia e aquele resultante das questões contemporâneas relevantes. Os termos em que o debate metodológico na história das ideias tem se desenvolvido nos Estados Unidos e na Inglaterra[19] tem levado Skinner a tornar demasiadamente sistemática a conexão entre os projetos de uma *philosophia perennis* e todas as outras

---

18 Cf. John Austin, *How to do things with words* (Oxford, 1962). Para Austin, permita-nos recordar, a linguagem é uma atividade que realiza coisas; ela não é apenas um operador de significado passivo.

19 Há uma imensa bibliografia acerca desse debate que tem ecoado muito na França. Para avaliá-lo, dois artigos fundamentais merecem ser lidos: J. G. A. Pocock, "The history of political thought: a methodological enquiry". In: Peter Laslett (ed.), *Philosophy, politics and societies*, 2. Série (Oxford, 1962); Peter L. Janssen, 'Political thought as traditionary action: the critical response to Skinner and Pocock', *History and theory*, 24, 2 (1985).

tentativas de ver a relação entre questões presentes e passadas.[20] As condições sobre as quais ele desenvolveu sua crítica à tradicional história das ideias o tem impedido de dar o passo decisivo no sentido de abraçar uma histórica filosófica do político. Sua contribuição, contudo, permanece inestimável e reconheço prontamente meu débito para com ele.

Uma última palavra a título de conclusão. A história filosófica do político não tem uma receita que possa ser aplicada mecanicamente a fim de se escrever um livro ilustrativo das aspirações subjacentes ao seu programa – que, na melhor das hipóteses, não passaria de uma desajeitada declaração de intenções. Cada parte do trabalho não é mais que uma tentativa frágil de produzir, por meio da escrita, os meios adicionais para tornar inteligível a matéria – nesse assunto, talvez, mais que em qualquer outro.

---

20 Este aspecto suscita o problema de como lidar com a modernidade enquanto área de questões características relativamente constantes. Essa questão justificaria um debate voltado para a pertinência do conceito de modernidade na filosofia política.

POR UMA HISTÓRIA CONCEITUAL DO POLÍTICO*

Conferência de Pierre Rosanvallon

* Tradução de Christian Edward Cyril Lynch.

(AULA INAUGURAL PROFERIDA NA QUINTA-FEIRA 28 DE MARÇO DE 2002 NO COLÉGIO DE FRANÇA NA CÁTEDRA DE HISTÓRIA MODERNA E CONTEMPORÂNEA DO POLÍTICO)

Senhor diretor,

Meus caros colegas,

Agradeço-lhes por me receberem entre os senhores. Hoje, neste momento inaugural, estou absolutamente consciente da responsabilidade que me incumbe diante da decisão tomada pelos senhores de incluir em seu ensino os mais fundamentais problemas da *polis* contemporânea. Não obstante, interessa-me ainda mais a formidável possibilidade que deste modo me foi dada, naquele que espero ser o meio de minha carreira; possibilidade de insuflar um novo alento às minhas pesquisas, inscrevendo-as a partir de agora num lugar intelectual único por sua radical liberdade, independente de quaisquer programas preestabelecidos, sem qualquer preocupação de fornecer graus e diplomas, e dispensado de submeter seus trabalhos às habituais barreiras disciplinares. Daí que esta possibilidade de um novo início não poderia se apresentar diante de mim com o aspecto ambíguo e melancólico de um balanço, que inevitavelmente ligamos à ideia de uma "honra acadêmica", ou seja, um posto destinado geralmente a festejar uma obra considerada encerrada, ao menos no seu essencial. Por isso, farei minhas as palavras de Roland Barthes: "Minha entrada no Colégio de França é uma alegria mais do que uma honra; pois a honra pode ser desmerecida, mas a alegria não o é jamais".[1] Evidentemente, esta alegria se deve ao fato de ser aqui possível falar das pesquisas no momento mesmo em que elas são feitas; alegria que nasce diante de um desafio instigador, diante de uma obrigação positiva.

Dirijo meus agradecimentos em particular a Marc Fumaroli, que lhes apresentou o projeto desta cátedra de história moderna e contemporânea do político. Devo o fato de me encontrar entre os senhores esta noite, em primeiro lugar, à extensão de seus interesses e sua eloquente convicção.

Gostaria também, senhoras e senhores, de incluir sem mais demoras nesta lista de agradecimentos alguém que não está aqui esta noite para me escutar: François Furet. No começo da década de 1980, ele me ajudou a dar um passo decisivo ao me acolher na Escola de Altos Estudos em Ciências Sociais. Recém doutorado, ainda encontrava-me entre dois mundos, à margem da universidade, numa posição intelectual de franco-atirador e em situação algo precária. François Furet me permitiu então conferir certa

---

1 Colégio de França, Cátedra de semiologia literária. Lição inaugural feita na sexta-feira, 7 de janeiro de 1977, pelo Sr. Roland Barthes, p. 6.

unidade à minha vida e realizar aquilo a que aspiram todo homem e toda mulher: fazer de sua paixão um meio de vida. Junto dele e de Claude Lefort – aquele historiador, este filósofo – aprendi a trabalhar à margem das rotinas acadêmicas e das modas intelectuais. Ambos foram para mim mestres e, indissociavelmente, amigos e companheiros de trabalho. Sabem também o quanto lhes devo os membros do Centro de Pesquisas Políticas Raymond Aron, com quem nos propusemos, há quase vinte anos, renovar o estudo do político, então esquecido. Fico feliz que essa pequena comunidade de historiadores, sociólogos e filósofos possa ver a originalidade de seu trabalho refletida de algum modo no meu. Ainda que seja bastante longa a lista de agradecimentos devidos, limitar-me-ei, entretanto, a uma menção particular ao grande medievalista que foi Paul Vignaux, um dos pais do sindicalismo democrático na França. Foram provavelmente os laços de amizade fraternal que com ele mantive desde o início dos anos setenta que levaram aquele jovem militante que eu era a tomar progressiva consciência – na contramão de boa parte da geração de 1968 – de que uma vida consagrada à rigorosa compreensão do mundo implicava a capacidade de transformá-lo; que havia uma plena complementaridade entre a *vita activa* e a *vita contemplativa*.

***

História moderna e contemporânea do político. Ainda que de modo lateral, o estudo do político já encontrou seu lugar neste Colégio, sob denominações mais oblíquas. É, naturalmente, preciso mencionar aqui em particular um dos pioneiros das análises eleitorais neste país, André Siegfried, autor do *Quadro político da França ocidental* e titular de uma cátedra de "geografia econômica e política". Da mesma forma, as questões relativas ao poder e à sua gênese estiveram no centro dos cursos vinculados à sociologia ou a filosofia. Basta recordar os trabalhos de Raymond Aron e de Michel Foucault, que tanto influenciaram minha geração, ainda que de maneiras bastante diferentes. Sabemos também do papel decisivo mais recentemente desempenhado por Maurice Agulhon em seus estudos das mentalidades e das culturas políticas do século XIX francês.

Ainda que esses antecedentes imediatos não constituam propriamente uma genealogia, esta nova cátedra se inscreve nessa história. Ela também se aproxima, senão no conteúdo pelo menos no espírito, de algumas disciplinas ministradas aqui no século XIX. Penso especialmente na preocupação de Michelet de esclarecer as vicissitudes do presente retraçando a gênese do Estado e da nação na França. Devo também, claro, fazer referência a Renan. Mesmo sendo titular de uma cátedra muito especializada como a de línguas hebraicas, caldeu e sírio, o grande sábio tinha também a preocupação de refletir sobre a orientação da *polis* a longo prazo, esclarecendo e interpelando sua época sobre suas ilusões e possibilidades. Em muitos aspectos, a perspectiva de minhas pesquisas não está muito distante dessa "filosofia da história contemporânea" que ele desejava alcançar. Por fim, Edgar Quinet. Ele também entra no Colégio – em 1841 – encarregado de uma disciplina tradicional. Contudo, os cursos desse ardente republicano logo se aventuram para terrenos mais arriscados, já que ele se ocupou sucessivamente dos jesuítas (tal como Michelet), do ultramontanismo e, posteriormente, das relações entre o cristianismo e a Revolução Francesa. Aliás, me sinto muito bem diante de uma das célebres máximas do autor de *La Revolution*: "A democracia francesa perdeu suas bagagens. Ela precisa refazer toda sua bagagem de ideias".[2] Com efeito, adoto de bom grado esse programa de Quinet e me sinto próximo de sua preocupação de ajudar a fundar o futuro, enraizando, na compreensão dos infortúnios do passado, a inteligência do presente. Com a apreciável diferença de que a questão só poderia adquirir sentido daqui por diante caso ampliada num quadro comparativo mais largo.

***

Não é a primeira vez, *stricto sensu* que o termo "política" figura no título de uma cátedra no Colégio. Mas agora se considera o objeto político moderno e contemporâneo como centro de um programa. Ao mesmo tempo em que ele se inscreve nessa continuidade que acabamos de mencionar, o projeto de uma história do político possui, contudo, uma originalidade. Convém precisá-la atendo-se à própria definição de seu objeto.

Compreendo o político ao mesmo tempo a *um campo* e a *um trabalho*. Como campo, ele designa o lugar em que se entrelaçam os

---

[2] Edgar Quinet, *Critique de la Révolution* (1867). In: *La Révolution*, 5ª éd. Paris, 1868, t. I, p. 11.

múltiplos fios da vida dos homens e mulheres; aquilo que confere um quadro geral a seus discursos e ações; ele remete à existência de uma "sociedade" que, aos olhos de seus partícipes, aparece como um todo dotado de sentido. Ao passo que, como trabalho, o político qualifica o processo pelo qual um agrupamento humano, que em si mesmo não passa de mera "população", adquire progressivamente as características de uma verdadeira comunidade. Ela se constitui graças ao processo sempre conflituoso de elaboração de regras explícitas ou implícitas acerca do participável e do compartilhável, que dão forma à vida da *polis*.

Não se pode apreender o mundo sem conceder um lugar a essa ordem sintética do político, a não ser que se adote um ponto de vista falsamente reducionista. Com efeito, a compreensão da sociedade não poderia se limitar à adição e à articulação de seus diversos subsistemas de ação (o econômico, o social, o cultural etc.) que, longe de serem imediatamente inteligíveis, apenas o são quando relacionados a um quadro interpretativo mais amplo. Para além das tomadas de decisão culturais e sociais, das variáveis econômicas e das lógicas institucionais, a sociedade não pode ser entendida em seus núcleos essenciais se não atualizarmos esse centro nervoso de que decorre a sua própria instituição. Um ou dois exemplos bastarão para nos convencer.

Para compreender a especificidade de um fenômeno como o nazismo, não basta analisar as diferentes tensões e os múltiplos bloqueios da Alemanha da década de 1930 – a não ser que paradoxalmente o banalizemos, considerando-o simples resposta exacerbada à crise do regime de Weimar. Enquanto tentativa patológica de fazer surgir um povo uno e homogêneo, o fundamental do nazismo não se torna inteligível senão quando relacionado às condições de perversa ressimbolização e de restabelecimento da ordem global do político que ele tentou empreender. Tomando um exemplo mais próximo de nós, pode-se dizer que a atual crise atravessada pela Argentina não pode ser interpretada simplesmente a partir dos fatores econômicos e financeiros que são sua causa imediata. Ela só adquire sentido quando situada na longa história de um declínio ligado à dificuldade recorrente de fundar a nação no reconhecimento de obrigações compartilhadas.

Portanto, convém analisar as coisas num nível que poderíamos qualificar de "globalizante" a fim de esclarecer de maneira profícua questões contemporâneas cruciais. Seja pensando as formas futuras da Europa ou analisando as transformações da democracia na era da globalização; apreendendo o destino da forma nação ou compreendendo as mutações do Estado de Bem Estar; ou avaliando as condições em que podem ser considerados os problemas de longo prazo em sociedades submetidas à ditadura do presente, é sempre à questão chave do político que se voltam nossas atuais perplexidades e nossas inquietações.

Ao falar substantivamente *do* político, qualifico desse modo, tanto uma modalidade de existência da vida comum, quanto uma forma de ação coletiva que se distingue implicitamente do exercício *da* política. Referir-se ao político e não à política, é falar do poder da lei, do Estado e da nação, da igualdade e da justiça, da identidade e da diferença, da cidadania e da civilidade; em suma, de tudo aquilo que constitui a *polis* para além do campo imediato da competição partidária pelo exercício do poder, da ação governamental cotidiana e da vida ordinária das instituições.

Esta questão adquire grande importância nas sociedades democráticas, isto é, em que as condições da vida comum não são definidas *a priori*, porque fixadas por uma tradição ou impostas por uma autoridade. Com efeito, em função das tensões e das incertezas a ela subjacentes, a democracia constitui o político num campo amplamente aberto. Se há mais de dois séculos ela aparece como princípio organizador incontornável de toda ordem política moderna, o imperativo que traduz esta evidência tem sido sempre tão intenso quanto impreciso. Por ser fundadora de uma experiência de liberdade, a democracia nunca deixa de constituir uma solução problemática para instituir uma *polis* de homens livres. Nela se unem há muito tempo o sonho do bem e a realidade da indeterminação. O que há de particular a essa coexistência, é que não se trata de um ideal longínquo sobre o qual todos estariam de acordo; as divergências acerca de sua definição remetem aos meios empregados para realizá-la. Essa é uma das razões pelas quais não pode se reduzir a história da democracia àquela de uma experiência contrariada ou de uma utopia traída.

Mas há outras. Longe de corresponder a uma simples incerteza prática sobre os meios de seu estabelecimento, o caráter vacilante da democracia participa mais profundamente de sua própria essência. Ela sugere um tipo de regime que jamais deixa de resistir a uma categorização livre de discussões. É daí, aliás, que provém a particularidade do mal-estar subjacente à sua história. O cortejo de decepções e a sensação de traição que desde sempre a acompanham têm sido tão intensos justamente pelo fato de que sua definição permanece incompleta.

Tal vacilação constitui o impulso de uma busca e de uma insatisfação que se esforçam simultaneamente por se explicitar. É necessário partir daí para compreender a democracia: nela se entrelaçam a história de um desencantamento e a história de uma indeterminação.

Esta indeterminação se enraíza em um sistema complexo de equívocos e de tensões que, como demonstra o estudo das revoluções inglesa, americana e francesa, estruturam a modernidade política desde a origem dela. Equívoco, em primeiro lugar, sobre *o sujeito* mesmo desta democracia, pois o povo só existe através das representações aproximativas e sucessivas de si mesmo. O povo é um senhor indissociavelmente imperioso e inapreensível; ele é um "nós" cuja figuração permanece sempre conflituosa, constituindo sua definição ao mesmo tempo um problema e um desafio. Tensão, em segundo lugar, entre o número e a razão, a ciência e a opinião, porque o regime moderno institui através do sufrágio universal a igualdade política, ao mesmo tempo em que postula o advento de um poder racional cuja objetividade implica a despersonalização. Incerteza, em terceiro lugar, sobre as formas adequadas do poder social, já que a soberania do povo se exprime através de instituições representativas que não logram encontrar a maneira de pô-la em prática. Dualidade, enfim, relativa à ideia moderna de emancipação, que remete a um desejo de autonomia dos indivíduos (com o direito como vetor privilegiado), mas também a um projeto de participação no exercício do poder social (que coloca a política em posição de comando). Em outras palavras, uma dualidade entre liberdade e poder, entre o liberalismo e a democracia.

Esta concepção do político torna a abordagem histórica condição necessária de sua completa compreensão. Com efeito, só se pode apreender o político, tal como acabo de defini-lo, restituindo-lhe de modo expressivo a espessura e a densidade das contradições a ele subjacentes. Desse modo, minha ambição é pensar a democracia retomando o fio de sua história. Contudo, não se trata somente de dizer que a democracia *tem* uma história; é preciso considerar, de modo mais radical, que a democracia *é* uma história e, como tal, indissociável de um trabalho de exploração e experimentação, de compreensão e elaboração de si mesma.

O objetivo é, portanto, é o de refazer a extensa genealogia das questões políticas contemporâneas para torná-las plenamente inteligíveis. A história não consiste somente em apreciar o peso das heranças, em "esclarecer" simplesmente o presente a partir do passado, mas em tentar reviver a sucessão de presentes, assumindo-os como experiências que informam as nossas. Trata-se de reconstruir o modo por que os indivíduos e os grupos elaboraram a compreensão de suas situações; de enfrentar os rechaços e as adesões a partir dos quais eles formularam seus objetivos; de retraçar de algum modo a maneira pela qual suas visões de mundo limitaram e organizaram o campo de suas ações. O objeto desta história, em outras palavras, é o de seguir o fio das experiências e das tentativas, dos conflitos e das controvérsias, através dos quais a *polis* tentou encontrar sua forma legítima. Ela consiste, para dar uma ilustração, em publicar o verdadeiro texto do drama em que se acham as sucessivas encenações da vida comunitária. Na procura desse fio condutor, acabo seguindo, em parte, os passos daqueles publicistas e historiadores do século XIX – como Guizot, Quinet ou Tocqueville, para citar apenas três nomes – que buscavam esclarecer seus contemporâneos desenvolvendo o que eles chamavam uma história da civilização. Compartilho com eles uma mesma preocupação de escrever uma história que possa ser qualificada de global.

A história assim concebida é o *laboratório em atividade* do nosso presente e não apenas a iluminação de seu pano de fundo. Por essa razão, a atenção aos problemas contemporâneos mais explosivos e mais urgentes não poderia estar dissociada de uma meticulosa reconstrução de sua gênese. Este deve ser o método desenvolvido para dar a profundidade indispensável às análises do político: partir de uma questão contemporânea para reconstruir sua genealogia, antes de fazê-la voltar ao término dessa investigação rica em ensinamentos do passado. É desse diálogo permanente entre o passado e o presente que o processo instituinte das sociedades pode se tornar legível; é dele que pode surgir uma compreensão sintética do mundo. Postulo assim uma história que poderia ser qualificada como compreensiva, em cujo quadro a intelecção do passado e a interrogação sobre o presente partilham de uma mesma abordagem. É uma história que atualiza as ressonâncias entre nossa experiência do político e a dos homens e mulheres que nos precederam. Dá-se assim um sentido mais forte à expressão de Marc Bloch: "A incompreensão do presente nasce fatalmente da ignorância do passado".[3] De fato, é preciso ir por partes, de modo estrutural, entre a preocupação apaixonada da atualidade e o cuidado

---

3 Marc Bloch, *Apologie pour l'histoire ou métier d'historien,* 7ª ed. Paris: Armanc Colin, 1974, p. 47.

escrupuloso em relação à história. Trata-se de uma história que, mais do que descrever modelos, tem por função restituir problemas. Seu trabalho termina por mesclar-se de certa maneira com o da filosofia política.

Antes de mais nada, proposta com semelhante espírito, a história do político distingue-se então, pelo próprio objeto, da história *da* política propriamente dita. Além da reconstrução da sucessão cronológica e dos acontecimentos, esta última analisa o funcionamento das instituições, disseca os mecanismos de tomada de decisões públicas, interpreta os resultados das eleições, lança luz sobre a razão dos atores e o sistema de suas interações, descreve os ritos e símbolos que organizam a vida. A história *do* político incorpora evidentemente essas diferentes contribuições. Com tudo o que ela acarreta de batalhas subalternas, de rivalidades de pessoas, de confusões intelectuais, de cálculos de curto prazo, a atividade política *stricto sensu* é, de fato, o que ao mesmo tempo limita e permite, na prática, a realização do político. Ela é ao mesmo tempo uma tela e um meio. As deliberações racionais e as reflexões filosóficas não podem ser dissociadas das paixões e dos interesses. O majestoso teatro da vontade geral está atravessado permanentemente por cenas retiradas da comédia do poder. Por isso, não é nos refugiando num suposto céu apaziguado de ideias que poderemos compreender verdadeiramente os mecanismos e as dificuldades da instituição da *polis*. Eles só podem ser apreendidos num exame de contingências ordinárias, dado que sempre envoltos na trama dos acontecimentos. Isso deve ser dito claramente. Mas é necessário ao mesmo tempo deixar claro que, para se resolver o enigma do político, não se pode ficar por aí. Não seria possível, por exemplo, compreender a instabilidade estrutural de um regime conformando-se com o relato das crises ministeriais ocorridas na zona visível da cena.[4]

De maneira mais geral, tal como pretendo praticá-la, a história do político se nutre dos aportes oriundos de diferentes ciências sociais, procurando unificar seus procedimentos. Ao mesmo tempo, ela explora particularmente um conjunto de fatos e de problemas situados naquilo que se poderia chamar seu "ângulo morto". Para compreendê-lo, sem recorrer a considerações metodológicas demasiado abstratas, torna-se útil mostrar, a partir de uns poucos exemplos, como esta abordagem propõe uma contribuição à inteligência de nossas sociedades, que se distingue daquelas da história social, da sociologia e da teoria políticas, bem como da história das ideias.

Em primeiro lugar, *a história social*. Ao enfatizar a interpretação dos conflitos de poder e de oposição de interesses, ela fornece uma grade explicativa que conecta as posições e os comportamentos no campo propriamente político – aquele das eleições ou das posições partidárias, por exemplo – com as variáveis culturais, econômicas ou sociais que caracterizam diferentes grupos.

---

[4] É exatamente por essa razão que os historiadores dos *Annales* não se interessavam pela política. É por esse mesmo motivo que Durkheim não considerava que a política *strictu sensu* constituísse um objeto pertinente para a sociologia. "As guerras, os tratados, as intrigas, os gabinetes ou as assembleias, os atos dos homens de Estado", escreve, "*são combinações que jamais se parecem a si mesmas;* não se pode fazer outra coisa que narrá-las, não parecem surgir de nenhuma lei definida" ("Sociologie et sciences sociales", texto de 1903 escrito em colaboração com Paul Fauconnet. In: Émile Durkheim, *Textes*. Paris: Éditions de Minuit, 1975, t. I, p. 147 [grifos meus].

O problema é que esta abordagem só dá conta de uma parte da realidade. Tomemos o exemplo da conquista do sufrágio universal. Uma história social traçará o conflito entre as "impaciências" do povo e os "temores" das elites; ela descreverá as estratégias das forças presentes no momento. Pode-se efetivamente analisar nesses termos o movimento pela reforma eleitoral que, durante a Monarquia de Julho, polariza a atenção em sucessivas oportunidades. Mas a interpretação continua parcial: ela não dá conta da posição dos ultras, nem dos legitimistas que nesse momento se erguem como campeões da soberania do povo. Ela não explica também a vacilação de todo um segmento do campo republicano, perceptível na defesa, feita por alguns deles, do sufrágio em dois graus, ou mesmo na hesitação constante em empregar a expressão *sufrágio universal*, preferindo-se a fórmula da reforma eleitoral – fato que exprime uma incerteza sobre o *objetivo* imediato a alcançar, e não apenas uma prudência tática. A história, nesse caso, não somente é atravessada por um conflito entre os altos e os baixos da sociedade. Ela é igualmente estruturada por uma tensão subjacente à noção mesma de sufrágio político; tensão entre o sufrágio enquanto símbolo de inclusão social, expressão da igualdade entre os cidadãos (e que, portanto, reivindica imperativamente sua universalização) e o sufrágio enquanto expressão do poder social, forma do governo da sociedade (e que, desta vez, convida a repor na ordem do dia as relações entre o número e a razão, o direito e a capacidade). Esta última história pode ser qualificada de "interna", sendo necessário reconstruí-la também.

A sociologia política propõe de sua parte "desencantar" a política, trazendo à luz os mecanismos sociais reais que estruturam seu campo à margem das doutrinas enunciadas, dos discursos dos atores e do funcionamento visível das instituições. No começo do século XX, algumas obras pioneiras traçaram o quadro da disciplina. Robert Michels foi o primeiro a desenvolver uma exposição minuciosa das condições através das quais um poder oligárquico inevitavelmente se instala dentro das organizações democráticas. Por sua vez, noutra obra fundadora, Moisei Ostrogorski mostrou como o advento e a ampliação dos partidos políticos levaram a mudar, na prática, todo sentido do governo representativo. No caso de se reconstituir a formação desta disciplina, também poderiam ser lembradas as obras de Max Weber e outros. Ninguém se atreveria a contestar a fecundidade científica e importância delas no âmbito da cidadania. Alguns dos "pessimistas públicos" (a expressão é de Michels) acima referidos foram valiosos professores de lucidez, sendo que eu mesmo contribuí para, na década de 1970, tornar novamente disponíveis algumas dessas obras. Mas esta abordagem também deixa escapar algo. Tomemos, por exemplo, a análise do funcionamento real do governo representativo que está no cerne da maior parte delas. A sociologia política desvela os modos de confiscação do poder, as formas de manipulação desenvolvidas à sombra do mecanismo representativo, mas não se ocupa daquilo que constitui, de alguma maneira, o centro do problema da representação moderna: a dificuldade de figuração da democracia. Sacralizando a vontade contra a ordem da natureza ou da história, a política moderna confia ao povo o poder ao mesmo tempo em que o projeto de emancipação por ela veiculado converte o social numa abstração. O desenvolvimento das convenções e das ficções jurídicas está ligado, desse modo, à preocupação de assegurar uma igualdade de tratamento e de instituir de um espaço comum para homens e mulheres que são, contudo, bastante diferentes entre si. A abstração, nesse sentido, é uma condição de integração social num mundo de indivíduos, ao passo que, nas sociedades tradicionais, ao contrário, as diferenças concretas são fatores de inserção (a ordem hierárquica tendo por princípio reunir tanto as particularidades quanto as complementaridades). A verdade é que a democracia se inscreve duplamente na ordem da ficção. Primeiro, sociologicamente, ao reagrupar simbolicamente um corpo artificial de pessoas. Segundo, tecnicamente, já que o desenvolvimento de um Estado de direito pressupõe "generalizar o social", ou seja, torná-lo abstrato a fim de governá-lo por regras universais. Se este formalismo constitui um princípio positivo de construção social na democracia, ele também torna mais incerta a constituição de um povo concreto. Emerge assim uma contradição que se instala entre o *princípio político* da democracia e seu *princípio sociológico*: o princípio político consagra o poder de um sujeito coletivo cujo princípio sociológico tende a dissolver a sua consistência e a reduzir a sua visibilidade.

É do ponto de vista desta outra "contradição interna" que a história do político, tal como aqui proposta, aborda a questão do governo representativo. Por exemplo, ela estuda *também* a história das técnicas eleitorais como uma sucessão de tentativas para dar uma resposta a esse *déficit* originário de figuração.

Esse enfoque apresenta ademais a vantagem de ultrapassar certa contradição estrutural da sociologia política e das ciências sociais em geral: de fato, quando pretendem dar conta do funcionamento social, elas o consideram implicitamente em condições de estabilidade, isto é, em sua regularidade. Para compreender a mudança, portanto, é necessário mobilizar outros conceitos, e por isso a história do político entrelaça as duas dimensões, estrutura e história (esta característica formal constituiu por muito tempo um dos principais atrativos analíticos do marxismo, diga-se de passagem).

Em terceiro lugar, gostaria de destacar em que medida meu projeto difere daquele da *teoria política* – pelo menos do modo como ela é compreendida hoje de maneira dominante. Tomando uma referência acessível a todos, penso aqui nas obras de Rawls e de Habermas, que deram uma nova centralidade a este enfoque nas décadas de 1970 e 1980. Tais obras são essencialmente *normativas* na medida em que elas pretendem estipular o que deveria ser uma deliberação racional, o que se deveria entender por soberania do povo, quais seriam os critérios universalmente aceitos da justiça, ou sobre quais deles deveria repousar a legitimidade das regras jurídicas. Sabemos todos do papel salutar desempenhado por esses textos, que recolocaram na ordem do dia questões acerca das quais as ciências sociais não viam mais utilidade. Elas constituíram o eixo de uma inegável renovação do pensamento político, levando, em razão disso, a que por vezes se falasse de um "retorno do político" na década de 1970. Ocorre, todavia, que tais empreendimentos intelectuais não se ocupam da essência aporética do político. Prova disso é que sua perspectiva essencialmente *procedimentalista* os direcionou para o direito e a moral, característica visível nos autores citados. Daí que semelhante visão racionalizadora do estabelecimento do contrato social os tenha lavado a "formalizar" a realidade. Em Rawls, aquele que decide submetido ao véu da ignorância adota o ponto de vista mais universal-racional, ainda que praticamente não disponha de quaisquer informações sobre o mundo real. A razão só se afirma nesse campo na proporção da abstração, isto é, da distância frente aos ruídos e às paixões do mundo.

Ao contrário, partir da complexidade do real e de sua dimensão aporética nos leva a nos interessarmos sobre a "coisa própria" do político. Torna-se indispensável considerar então, em primeiro lugar, o caráter problemático do regime político moderno para apreendê-lo em seu movimento – e não tentar dissipar o seu enigma por uma imposição normativa, como se uma ciência pura da linguagem ou do direito pudesse indicar aos homens a solução razoável diante da qual eles haveriam forçosamente de se conformar. Tentar exorcizar a complexidade mutável da questão democrática por meio de um exercício tipológico – este também é um falso caminho. O interessante não está em distinguir entre vários tipos de governos representativos ou em tentar ajustar em casos bem definidos as posições dos atores ou as características das instituições. Ao contrário, o interesse está em tomar como objeto a característica sempre aberta e "sob tensão" da experiência democrática. O propósito não é, tampouco, opor de maneira banal o universo das práticas ao das normas, e sim partir das antinomias constitutivas do político, cujos caracteres só se revelam no curso da história. Se tomarmos o exemplo da justiça social, será necessário demonstrar, através da história do Estado-providência, como evoluíram na prática as percepções de uma redistribuição considerada legítima e os determinantes dessas percepções. Assim, partir-se-á da contradição-matriz do problema: por um lado, o princípio de cidadania impõe o reconhecimento de uma dívida social "objetiva"; por outro, os princípios de autonomia e responsabilidade pessoais valorizam os comportamentos individuais "subjetivos". Nesse caso, uma vez mais, é unicamente a história que pode levar ao "conceito". A história é por isso a *matéria* e a *forma necessária* de um pensamento total do político. Os conceitos políticos (que tratam da democracia, da liberdade, da igualdade etc.) só podem ser compreendidos nesse trabalho histórico de se colocar à prova e na sua tentativa de elucidação. Nessa medida, sinto-me próximo do projeto de "fenomenologia empírica", lembrado ultimamente por Anne Fagot-Largeault.[5]

Enfim, em quarto lugar, esta história do político se situa bem distante da *história das ideias e das doutrinas*. Ambas, certamente, se interessam pelas mesmas obras fundamentais. Mas essas obras não são mais apreendidas em si mesmas, como simples "teorias" autônomas, carcaças imponentes de navios naufragados em rios do passado. Elas devem ser analisadas como elementos de um imaginário social mais global, como casos exemplares pelo seu valor testemunhal e que devem, por isso, ser reinseridos num contexto mais geral de interpretação e de exploração. Nessa perspectiva, as representações e as "ideias" constituem a matéria estruturante da experiência social. Ao invés de serem organizadas de forma autônoma em estreitas genealogias, ou consideradas no circuito fechado de suas relações ou diferenças, essas representações constituem realidades e poderosas "infra-estruturas"

---

5 Colégio de França, Cátedra de filosofia das ciências biológicas e médicas. Aula inaugural proferida na quinta-feira 1º de março por Anne Fagot-Largeault, p. 29.

na vida das sociedades. Para além de uma visão desencarnada, que se recusa a levar em conta as forças que modelam as ações dos homens, o objetivo aqui é, ao contrário, enriquecer e tornar mais complexa a noção de "determinação". Trata-se de destacar todas essas representações "ativas" que orientam a ação, limitam o campo de possibilidades através do pensável e delimitam o quadro de controvérsias e de conflitos. "Da mesma forma que os *fetiales* romanos", Michel de Certeau observa sugestivamente, "os relatos caminham antes das práticas para abrir-lhes um campo".[6] Eis uma fórmula da qual, prazenteiro, me aproprio: "Os relatos e as representações têm, com efeito, uma clara função possível de abrir um *teatro* de legitimidade às *ações* efetivas".[7]

Contrariamente à história das ideias, a matéria desta história do político, qualificada como "conceitual", não pode, portanto, se limitar à análise e ao comentário de grandes obras – ainda que estas possam ser frequentemente consideradas, e com justiça, como "grandes momentos" que cristalizam tanto as questões de uma época quanto as respostas que ela busca alcançar. Ela toma de empréstimo – notadamente à história das mentalidades – a preocupação de incorporar o conjunto de elementos que compõem este objeto complexo que é uma cultura política: o modo de leitura dos grandes textos teóricos, a recepção de obras literárias, a análise da imprensa e dos movimentos de opinião, o destino dos panfletos, a construção de discursos de circunstância, a presença de imagens, a

---

6 Michel de Certeau, *L'invention du quotidien*, t. I, Arts de faire, éd. Paris: Gallimard, 1990, p. 185.

7 *Ibidem*, p. 183.

pregnância dos ritos e mesmo o efêmero rastro das canções. Nesta abordagem, pensar o político e fazer a história ativa das representações da vida comum são tarefas sobrepostas: é a um nível "bastardo" que se deve apreender o político, no entrelaçamento das práticas e das representações.

***

É sempre na situação de *posto à prova* que se pode decifrar o político. Sua história passa assim, em primeiro lugar, pela atenção ao mecanismo de suas antinomias, pela análise de seus limites e de seus pontos de equilíbrio, e exame das decepções e desordens que ele suscita.

Por essa razão, meu trabalho privilegia o inacabado, as fraturas, as tensões e as negações que desenham a imagem inconsistente da democracia. Com efeito, o fundo do político somente se deixa apreender de verdade nesses momentos e situações que demonstram que a vida da democracia não é a confrontação com um modelo ideal, mas a exploração de um problema a resolver.

Já mencionei brevemente algumas das antinomias estruturantes da democracia que tive a oportunidade de estudar. Há muitas outras. Penso especialmente em tudo o que se vincula com as "contradições de formas", que até hoje não têm sido devidamente exploradas. Seria necessário apreender, de maneira minuciosa, aquilo a que chamo o problema do "terceiro organizador". É que a experiência coletiva é praticamente inconcebível sem que nela intervenha certa exterioridade. Por exemplo: não há eleições possíveis sem candidaturas prévias, que constrangem de antemão, automaticamente, as escolhas dos cidadãos. Há dois séculos essa impossibilidade *lógica* de uma democracia imediata e direta foi objeto de múltiplas interrogações, cuja história mereceria ser reconstruída. Ela conduziria a uma melhor apreciação do sentido que convém atribuir ao caráter consequentemente reflexivo do regime representativo, e permitiria apreciar os fundamentos da legitimidade democrática de uma nova maneira.

Entretanto, gostaria de chamar a atenção principalmente para outra questão de forma que ainda não mereceu suficiente atenção: a das relações da democracia com o tempo. Com efeito, o estudo do político é geralmente focado sobre uma análise dos atores, dos procedimentos e das instituições que considera o tempo uma variável essencialmente neutra (a duração). Se a democracia define um regime de auto-instituição do social, me parece, ao contrário, fundamental apreender o tempo como uma variável ativa e construtiva. Com efeito, a política também está formada no tempo social, simultaneamente marcado pelo trabalho da memória e pelas impaciências da vontade; ela é enraizamento e invenção. Daí que seria ainda desejável compreender a democracia a partir do exame de suas aporias, a partir da tensão entre tempo-recurso e tempo-obrigação. A questão é colocada de modo exemplar já no fim do século XVIII, quando do grande debate sobre o sentido dos direitos do homem travado por Edmund Burke e por Thomas Paine. Este último formula o programa moderno de uma emancipação radical da tradição ao se opor às opiniões do primeiro: "É impossível que exista em algum tempo ou em algum país um Parlamento que tenha o direito de atar a posteridade até o fim dos séculos [...]. Cada século, cada geração deve ter tanta liberdade de agir, em quaisquer casos, quanto nos séculos e nas gerações que a precederam".[8] A afirmação da vontade geral pressupõe para os revolucionários americanos ou franceses uma capacidade permanente – pelo menos geracional – de invenção do futuro, de tal maneira que aquilo que uma geração tiver escolhido livremente não se converta em um destino inexorável para as seguintes. Daí o debate, central dos dois lados do Atlântico durante o século XVIII, acerca do bom uso de um texto constitucional, a fim de que ele não assuma a forma de um pré-contrato para os pósteros (o problema continua atual, a julgar pelos termos por que a questão do caráter democrático do controle de constitucionalidade continua a ser abordada). Desse modo, todas as democracias fizeram suas as inquietações de Marx, quando ele se queixou que "a tradição de todas as gerações mortas pesa como um pesadelo sobre o cérebro dos vivos".[9]

A atração pelo curto prazo, que muitos deploram atualmente, não provém, pois, somente de uma espécie de aceleração da história artificialmente impulsionada pelas impaciências do mundo midiático. Na realidade, trata-se de um fenômeno estrutural. Para dar força substantiva à vontade geral, a democracia é constantemente tentada a valorizar o "capricho do instante" (a expressão é de Renan), que por sua vez se impõe como um amo destruidor.

Por outro lado, o direito – percebido por todos como uma proteção necessária – só pode tomar forma ao introduzir uma temporalidade longa na vida da comunidade. Vivemos num mundo

---

8 Thomas Paine, *Les droits de l'homme* (1791). Paris: Berlim, 1987, p. 74.
9 Karl Marx, *Le 18 Brumaire de Louis Napoleón* (1852). Paris: Éditions Sociales, 1969, p. 15.

cuja vitalidade econômica está ligada à capacidade de planejar políticas públicas sobre períodos cada vez mais extensos (em matéria de pesquisa, entre outras), e nas quais a consideração dos problemas ambientais leva a considerar horizontes muito mais dilatados do que aqueles próprios aos ritmos eleitorais. O tempo da democracia aparece assim suscetível de uma dupla defasagem: excessivamente imediato para problemas de longo prazo, excessivamente lento para a gestão da urgência. Nos dois casos, a pertinência da ideia de vontade geral é posta em xeque.

Essa tensão de temporalidades não deixa de se aprofundar e alimentar todo um conjunto de perplexidades e conflitos. As posições podem oscilar entre uma visão radicalmente instantaneísta da democracia, suscetível, em consequência, de se abismar num poder executivo que se tornaria autônomo baseado no argumento da excepcionalidade, e uma justificação contrária do poder dos especialistas, tidos como os únicos capazes de "representar" os interesses sociais de longo prazo, em nome do conhecimento por eles detido. A longa história desses conflitos permitiria esclarecer numerosas questões contemporâneas, abrindo o caminho para uma apreensão renovada da democracia como conjugação de tempos. Gostaria de demonstrar que o *sujeito* da democracia precisa ser compreendido como um sujeito indissociavelmente jurídico (o povo de cidadãos-eleitores) *e* histórico (a nação que vincula a memória e a promessa de um futuro compartilhado).

Mas as *formas* da democracia se relacionam também com a pluralidade do tempo. Para além de uma abordagem unívoca baseada simplesmente no procedimento da legitimação eleitoral, a perspectiva de uma complexificação das formas de soberania (desde a mera contestação até a instituição dessa espécie de memória da vontade geral, que é a constituição) segue lado a lado com a consideração e o tratamento das múltiplas temporalidades que constituem a experiência humana.

Esses diferentes aspectos da indeterminação democrática se prolongam numa crise permanente da linguagem política. Com efeito, a definição de noções essenciais – a igualdade, a cidadania, a soberania, o povo – geram problemas. Esse desarranjo das palavras foi dramaticamente percebido durante a Revolução Francesa: no momento em que lança, ao lado de Sieyès, seu *Journal d'instruction sociale* (1793), Condorcet constata que "a alteração do sentido das palavras indica uma alteração nas próprias coisas".[10] Um dos observadores mais perspicazes do Terror pode também notar a respeito de Robespierre e seus amigos que "eles tiraram de todas as palavras da língua francesa seu verdadeiro sentido",[11] enquanto que Brissot, por sua vez, volta-se com veemência contra aqueles que ele denomina "ladrões de palavras".[12] É por essa razão que Camille Desmoulins fixa como programa em

---

10 Condorcet, "Sur le sens du mot révolutionnaire", *Journal d'instrucion sociale*, nº 1, 1º de junho de 1793, p. 10.

11 Edme Petit, "Discours du 28 fructidor an II (14 septembre 1794)", *Archives palementaires*, 1ª série, t. XCVII, p. 175. "Depois de terem espalhado por toda a parte o desastre, a incerteza e a ignorância – ele continua –, eles introduziram na língua uma infinidade de novas palavras, de denominações com as quais designam sua vontade aos homens e as coisas segundo o ódio ou o amor do povo enganado" (*Ibidem*).

12 Cf. Brissot, "De quelques erreurs dans les idées et dans le mots relatifs à la Révolution française", *La chronique du mois ou les cahiers patriotiques*, vol. V, março, 1793.

Le vieux cordelier fazer da liberdade de imprensa o ponto chave da construção da experiência democrática a partir da confrontação permanente entre as palavras e as coisas por ela produzida. "A característica da república", ele destaca então, "é chamar os homens e as coisas por seu nome".[13] Aquilo que se chama ideologia é, ao contrário, a manifestação mais evidentemente perversa de um divórcio calculado ou consentido entre as palavras e as coisas. A ideologia, com efeito, nega e dissimula as contradições do mundo sob a aparente coerência das doutrinas; ela se libera da realidade ao pôr em cena uma ordem fantasmagórica e deixar patente o artifício de sua instauração.

O trabalho do historiador passa então por atualizar essas questões e tentativas com o fito de apreender o movimento da democracia em sua definição problemática. É nessa medida que o seu caminho pode se cruzar com aqueles que têm por missão explorar as palavras e dominar uma realidade opaca, por meio da linguagem. Se a literatura e a poesia têm por finalidade nos abrir o mundo pelo meio instável das palavras, ambas encontram, com efeito, no interior das incertezas da era democrática, uma nova razão de ser. O romancista e o poeta, cada qual ao seu modo, são os topógrafos das ambiguidades e os decifradores de silêncios, permanecendo abertos às contradições do mundo sem jamais permitirem que o conceito exaura a substância da realidade. Desse modo, a história do político, tal como a literatura, trabalha nos interstícios das ciências sociais, que participam

---

13 Camille Desmoulins, *Le Vieux cordelier*, nº 7, edição por Pierre Paachet. Paris: Berlim, 1987, p. 123.

assim de movimento aparentado de decifração. Seria impossível, aliás, esquecer o lugar ocupado pela escrita em tantos historiadores do século XIX: através de sua linguagem e estilo, foi Michelet quem melhor soube dizer aquilo que, por vezes, seus documentos mal conseguiam explicar.

Esta é uma história de aporias, mas também de limites e de fronteiras. São nesses momentos de ruptura, nos seus pontos de retrocesso, que a cada momento a questão da democracia se ilumina em sua brutal nudez. A partir da consideração do fato totalitário, todo um processo de renovação do pensamento político se operou entre as décadas de 1950 à de 1970, de Hannah Arendt a Claude Lefort. Distante das abordagens puramente descritivas, que nele somente enxergavam o ressurgimento agravado das figuras conhecidas da tirania ou da ditadura, a originalidade desses autores esteve em mostrar que os regimes totalitários deviam ser compreendidos como formas desviadas da modernidade democrática, como uma espécie de sua realização negativa. Pode-se efetivamente analisar o fantasma ativo de um poder que absorve totalmente a sociedade – característica maior do totalitarismo – como uma exacerbação utópica do princípio representativo; exacerbação esta que, de um só golpe, pretende construir de modo artificial uma sociedade perfeitamente legível na sua unidade e um poder de todo identificado a ela, de molde a extinguir na origem a separação entre o social e o político. O motor do empreendimento totalitário deriva dessa pretensão, que se prolonga na utopia, de dar vida a um poder que se confunde com a sociedade, sem qualquer forma de dissociação em face dela. É por isso que o poder totalitário é comandado por uma imperiosa lógica de identificação: ao radicalizar e tornar absoluta a figura do partido de classe, ele pretende superar as aporias primeiras da representação e instituir um poder que "realmente represente" a sociedade. É o Partido que se encarrega de fazer a perfeita encarnação do povo a partir do birô político e mesmo de seu primeiro secretário – aquele que Soljenítsin chamava o *Egocrata*. Nesse caso, o partido excede a função da representação: ele se torna a própria substância do povo.

Desse modo, a apreensão dos limites do político consistiu até agora essencialmente na exploração das zonas tempestuosas e dos desvios em que a democracia se precipitava. Essa "exploração pelos abismos" continua a ser uma perspectiva de compreensão privilegiada. Naturalmente, as pesquisas nesta direção devem continuar, pois os acontecimentos nos convidam urgentemente a fazê-lo. Sei disso e faço a minha parte. Não obstante, é preciso reconhecer que hoje nos deparamos, não mais com uma exacerbação do político, mas, inversamente, com o seu desgaste. Experimentamos uma aparente dissolução e uma diluição: sensação de um declínio da soberania, percepção de uma diluição da vontade e de um aumento paralelo das forças de direita ou do mercado. As fronteiras do governo e da administração, da gestão e da política se tornam mais fluidas. É claro que seria necessário precisar este diagnóstico. O essencial, porém, é que a partir de agora devemos abordar o político partindo destas zonas cinzentas, considerando essas escassas energias, essas derivas inamovíveis, essas decomposições discretas.

Contudo, os sobressaltos do mundo contemporâneo não incitam somente a refletir sobre as *formas* limites do político. É também o *espaço* do político que hoje se encontra submetido a consideráveis provas. Há vinte anos essa questão vem sendo abordada por vários autores, que constataram a dissociação e a diferenciação crescente das relações de potência e de território, vinculadas outrora à figura do Estado soberano. São bem conhecidos esses trabalhos de ciência política ou jurídica sobre a decomposição *externa* da soberania e sua disseminação. Mas ainda não se conferiu atenção suficiente à tendência concomitante de fragilização *interna* dos Estados-nação pelo enfraquecimento do contrato social e do estreitamento das identidades coletivas.

A aceleração dos movimentos de secessão constitui a manifestação mais evidente daquele fenômeno. Com efeito, o número de Estados tende a crescer ao passo que os motivos desta multiplicação mudaram de natureza. As cifras são eloquentes: os 44 Estados de 1850 tornaram-se apenas pouco mais de 60 às vésperas da Segunda Guerra Mundial. São os processos de descolonização das décadas de 1950 e 1960 e de decomposição da União Soviética a partir de 1989 que constituíram até hoje o vetor de uma extraordinária decomposição de Estados, que eram 118 em 1963 e 196 no ano 2000. O movimento prossegue intensificado pelos numerosos conflitos étnicos e religiosos. Os especialistas em relações internacionais observam com preocupação este fenômeno; contudo, seria mais conveniente analisá-lo relacionando esse processo de segmentação estatal à dimensão de "secessão social" que desempenha papel crescente nos dias de hoje. Muitas dessas desconstruções decorrem de uma recusa de certas entidades em continuar a vida em comum, com tudo que esta última acarretava em matéria de redistribuição para administrar as diferenças reconhecidas. Esses mecanismos de *retração do político* servem para testar os limites do contrato social, o que deve ser urgentemente considerado em toda sua amplitude. Este fenômeno decisivo ainda não foi bem avaliado. De fato, o paradoxo está no fato de que o declínio contemporâneo do Estado nação – como *forma social* – se dissimula por detrás da multiplicação dos Estados-nação como *entidades soberanas*. Os conflitos de repartição que se resolviam normalmente dentro dos *compromissos sociais* internos se convertem não raro em conflitos de identidade que "se externalizam" *atravessando as fronteiras*. Em outras palavras, a lógica agregadora de outrora, da conquista e defesa de direitos, torna-se frequentemente segregadora. A eclosão atual dos nacionalismos representa o recuo do modelo histórico da nação, e não sua difusão. As nações originalmente consideradas como *universos reduzidos* são substituídas cada vez mais por tipos de nações concebidas como *particularidades ampliadas*. Trata-se de um fenômeno que deve ser analisado com urgência e precisão, no caso de se tentar impedir seus efeitos deletérios. Também se faz necessário articular uma análise "interna" e uma análise "externa" do político, no sentido de abrir a abordagem das relações internacionais para uma análise orientada do ponto de vista do conteúdo do contrato social e das formas de identidade coletiva e de solidariedade, que sejam percebidas como pertinentes.

Portanto, as antinomias, os limites, mas também, as decepções. Parece-me ainda necessário abordar a compreensão do político por um terceiro aspecto: explorando o fenômeno da decepção democrática. Uma grande parte das interrogações contemporâneas é alimentada pelo diagnóstico de um desaparecimento perigoso: declínio da vontade, decomposição da soberania, desagregação das figuras do coletivo etc. Ocorre que, mesmo em formulações renovadas, essas questões nada têm de inéditas. Antes de mais nada, certa decepção diante do regime moderno encontra sua fonte na impossibilidade de dissociar *o* político e *a* política. Reconheço não ser simples separar o nobre do vulgar, os pequenos cálculos egoístas e as grandes ambições, a linguagem afirmativa da verdade e as astúcias da sedução e da manipulação, a atenção conferida ao longo prazo e a submissão às urgências. Ainda que seja necessário refletir e traçar uma fronteira entre elas, a verdade é que tal divisão permanecerá sempre móvel e flutuante, determinada que é pelo prisma dos interesses e condenada, como tal, às divergências de opinião.

Nasce assim, em torno do político, uma demanda que não pode ser satisfeita de uma maneira definitiva. Tudo se passa como se houvesse ao mesmo tempo demasiada e insuficiente política, expressão de uma expectativa e manifestação de uma rejeição. Desejo de política como aspiração a um domínio da coletividade por si mesma, como desejo de uma comunidade em que haja lugar para todos, mas também rechaço aos enfrentamentos estéreis, e à busca simultânea de uma felicidade tão somente privada. Sentimos ao mesmo tempo uma exasperação frente a um excesso e uma nostalgia em relação a um declínio. A política se nos aparece simultaneamente como um tipo de resíduo constrangedor, que em tese deveria ser eliminado, e como uma dimensão tragicamente ausente, uma grandeza de que temos saudade.

Pretendo assim, em meu trabalho nesta casa, traçar a história dessa decepção, bem como das tentativas para superá-la: de um lado, a busca de *políticas racionais* e, de outro, a exaltação das *culturas do voluntarismo*. O objetivo é pensar a democracia partindo de uma análise da sensação de sua ausência. De Roederer a Auguste Comte, de Auguste Jullien a Saint-Simon, vê-se formular, assim, no primeiro quartel do século XIX, o programa de uma ciência social, uma ciência da ordem ou de uma política positiva que aspiram a operar a passagem de um difícil governo dos homens para uma supostamente apaziguada administração das coisas. Ao contrário dessas utopias "cientificistas" de um arrefecimento radical do político, que decretam a sua dissolução como fim desejável, são também periodicamente expressas as aspirações à sua exaltação sob as formas de todo um conjunto de cultos da vontade. A história desses ciclos ainda está por ser feita, possuindo uma dimensão que podemos sem dúvida qualificar de "social". As recordações do Terror determinaram o horizonte mental de todos aqueles que aspiravam, depois do Termidor, a um governo impessoal da razão; ao revés, foi a estreiteza e a irresolução de um regime de rotina que, meio século mais tarde, em 1848, alimentaram as convocações de um voluntarismo criador. No entanto, não podemos nos contentar com essa abordagem simplificadora, mesmo porque as mesmas forças expressaram às vezes as duas visões ao mesmo tempo (vide o elogio dos cozinheiros especialistas em gestão, lado a lado com o voluntarismo mais exacerbado no comunismo do século XX). É necessário mostrar que a decepção nasce da dificuldade de vivificar na realidade cotidiana o ideal democrático. Este ideal nunca deixou de oscilar entre o medo do conflito e a angústia de sua ausência, entre a aspiração à autonomia individual e a busca de uma participação na vida coletiva.

As interrogações contemporâneas acerca da dissolução do político não poderiam, pois, ser apreendidas apenas pela análise das formas de disseminação e recomposição da soberania, esboçadas acima. Elas estão inscritas igualmente numa história contínua do desencantamento democrático, que talvez seja apenas a outra face de uma história do ódio à democracia, ódio este que com frequência cresce disfarçado pela condenação de sua forma dita "liberal" ou "burguesa". Isso implicaria escrever, por assim dizer, uma história negativa da democracia.

Esta tarefa de uma história do político alcança sua maior importância nessa aurora do terceiro milênio, quando com crescente inquietação percebemos que, para retomar uma famosa expressão, "a história nos morde a nuca". A título de ilustração, basta lembrar como a globalização econômica modifica o espaço da democracia e dificulta a busca do interesse geral, constatar o advento de um universo no qual as formas de "governança" pulverizadas e disseminadas substituem cada vez mais o exercício legível e responsável da soberania, mencionar as perturbações causadas pela pressão do tempo midiático, recordar os conflitos ligados à crispação entre identidades nacionais, e evocar os problemas decorrentes desse novo universo em que todos os dias se afirma o peso de poderes tão inapreensíveis quanto terrivelmente ameaçadores. É em torno de questões urgentes desse tipo que se organizam hoje em dia numerosas pesquisas nas ciências sociais. A história do político, tal como por mim delineada, pode trazer uma contribuição específica à compreensão destas questões, reinserindo-as numa perspectiva longa e alargada. Ela pode vencer as tentações hoje tão vastas de refugiar-se num retiro desiludido ou de preguiçosamente abandonar o governo do mundo nas mãos dos automatismos supostamente autossuficientes do mercado, ou à força isolada do direito.

***

"Em matéria de ciências", notava Marcel Mauss, "nenhuma lentidão é suficiente; em matéria de prática, não se pode esperar".[14] Estou longe de esquecer que essa diferença não poderia ser abolida sem prejuízos. Considerando que tratamos de problemas contemporâneos universalmente debatidos, é muito grande o risco de ver desaparecer a diferença entre o trabalho paciente e o comentário apressado – numa palavra, entre ciência e opinião. Mas a história moderna e contemporânea do político não poderia se por à parte e encerrar-se num recinto a salvo, porque inacessível, aos movimentos da vida. Ela ambiciona, ao contrário, dirigir-se à arena cívica para lhe trazer um suplemento de inteligibilidade, um aumento de lucidez. Ela deve propor uma leitura crítica e serena do mundo, ali onde muito frequentemente predomina o clamor das paixões, a versatilidade das opiniões e o conforto das ideologias. Portanto, o trabalho científico mais rigoroso e as aquisições mais pacientes da erudição participam diretamente da atividade cidadã, nascem da confrontação com o acontecimento, e a ele permanecem vinculados. Pretendo inscrever-me com modéstia, mas também com firme determinação, na trilha daqueles sábios que o foram também por sua obra de infatigáveis cidadãos, e que não deixaram de unir o pessimismo da

---

14 Marcel Mauss, *Œuvres*, t. III, Paris, 1969, p. 579.

inteligência ao otimismo da vontade. Esta expressão de Romain Rolland, popularizada por Gramsci, serviu durante muito tempo de guia a uma grande parte de minha geração.

Refletindo sobre a especificidade dos cursos que tinham lugar entre os muros desta instituição, Michelet observava: "Não é em absoluto um ensino propriamente dito. É o exame das grandes questões diante do público. Não se fala a alunos, mas sim a iguais".[15] Há seguramente algo de ilusório nesse enfoque do curso público, que não funciona da mesma forma para as diferentes disciplinas. Não obstante, ela corresponde a uma visão saudável do *desafio* particular que constitui o tipo de fala arriscado entre essas paredes. Talvez esteja, aliás, nesse desafio, que seja possível encontrar a origem da alegria por mim mencionada no início desta lição, sem que já pudesse então defini-la: participar de uma utopia acadêmica que vale a pena manter para vivificar a *polis*.

Agradeço-lhes pela atenção.

---

15 Michelet, *Cours au Collège de France*, t. 1, 1838-1844. Paris: Gallimard, 1995, p. 20.

Esta obra foi impressa no verão de 2013 pela gráfica Vida & Consciência. No texto foi utilizada a fonte Palatino Linotype, em corpo 10,5 com entrelinha de 17 pontos.